Lotte Bormuth

Aus meinem reichen Leben

Zum 90. Geburtstag der Autorin

Francke

Über die Autorin:
Lotte Bormuth ist eine der erfolgreichsten christlichen Autorinnen Deutschlands. In über 100 Titeln hat sie mit Lebensbildern und eigenen Erlebnissen vielen Menschen Trost, Freude und Glaubensmut vermittelt. Sie ist seit 2020 verwitwet, hat 5 Kinder, 15 Enkel und 7 Urenkel und lebt heute in einem Pflegeheim in Marburg/Lahn.

Bibliografische Information der Deutschen Nationalbibliothek
Die Deutsche Nationalbibliothek verzeichnet diese Publikation in der Deutschen Nationalbibliografie; detaillierte bibliografische Daten sind im Internet über https://dnb.de abrufbar.

ISBN 978-3-96362-382-0

35037 Marburg an der Lahn
Umschlagbilder: Foto privat;
© shutterstock / Kamyshnikova Viktoria
Umschlaggestaltung: Francke-Buch GmbH / Marion Schramm
Satz: Francke-Buch GmbH
Printed in Poland

www.francke-buch.de

Inhalt

Vorwort des Schwiegersohns und Verlegers

Sehr genau erinnere ich mich noch an die Zeit, als ich Frau Bormuth kennenlernte. Es war im Jahr 1980. Ich saß in meiner Studentenbude in Marburg und machte mich mit dem Vorlesungsverzeichnis vertraut. Einige Wochen zuvor war ich an die Marburger Philipps-Universität gewechselt. Es war nicht leicht gewesen, eine geeignete Unterkunft zu finden. Ein Pfarrer hatte mir schließlich den entscheidenden Tipp gegeben: In Marburg wohne eine Familie Bormuth, die Zimmer an Studenten vermiete. Und wirklich, nach nur einem Telefonanruf war alles abgemacht.

Nun saß ich in meinem neuen Zimmer. Da klopfte es an der Tür und meine Vermieterin fragte, ob sie mich einmal stören dürfe. Sie hätte gerade ihr erstes Buch geschrieben und weil ich Germanistik studierte, könnte ich es doch sicher einmal korrekturlesen.

Ich sagte zu und las das Erstlingswerk »Ich staune über Gottes Führung«. Auf diese Weise lernte ich die Autorin, die vier Jahre später meine Schwiegermutter werden sollte, kennen und schätzen. Bei der Lektüre kam ich immer wieder ins Staunen: Was diese Frau nicht alles erlebte! Welch ungewöhnliche Menschen sie traf und welche besonderen Erfahrungen sie in ihrem Alltag machte.

Wer Frau Bormuth näher kennenlernt, staunt nicht schlecht darüber, wie das Leben bis ins hohe Alter um sie herum pulsier – und ein solches Leben bietet natürlich reichlich Stoff für Bücher. Zunächst waren es die Erlebnisse des eigenen Lebens, Flucht, Vertreibung, Hunger und Neuanfang nach dem schrecklichen Krieg.

Aber auch die Geschichten der fünf Kinder, den Freunden aus der Gemeinde und den Untermietern fanden Eingang in die Bücher. Später sind es Erlebnisse auf Vortragsreisen, die zu Geschichten werden. Eines aber durchzieht alle Erlebnisse dieser außergewöhnlichen Frau: Nie verlernt sie das Staunen über den großen Gott und nie käme sie auf den Gedanken, überheblich zu werden.

Inzwischen sind viele Jahre vergangen. Im April 2019 zog meine Schwiegermutter zusammen mit ihrem Mann Karl-Heinz zu uns ins Haus, weil beide im fortgeschrittenen Alter waren und Hilfe brauchten. Im selben Jahr am 7. August feierte sie im Kreis ihrer großen Familie den neunzigsten Geburtstag ihres Mannes, der ein halbes Jahr später von Gott in die Ewigkeit gerufen wurde. Danach wohnte sie noch drei Jahre lang bei uns im Haus, bis sie nach einem Schlaganfall im Februar 2022 in ein christliches Pflegeheim in Marburg umzog. Die Vortragstätigkeit und das Schreiben selbst erlebter Geschichten hat sie aufgegeben. Heute freut sie sich über die Besuche ihrer fünf Kinder, 15 Enkel und sieben Urenkel und lauscht aufmerksam deren Geschichten.

Klaus Meiß, im Dezember 2023

Bessarabien – meine Heimat

Bessarabien, das heutige Moldawien, ist ein herrliches Land. Obwohl ich nur sechs Jahre meines Lebens dort zugebracht habe, empfinde ich es als meine eigentliche Heimat. Vielleicht liegt es daran, dass wir uns sehr oft über unseren Ursprung unterhalten haben und in der Kindheit der Mensch seine tiefste Prägung erfährt.

Dort bin ich in dem stattlichen Dorf Sofiental geboren. Acht Kilometer lag es vom Schwarzen Meer entfernt. Deutsche Siedler hatten hier ihre Häuser und Höfe gebaut. Die Kirche mit ihrem Glockenturm bildete die Mitte des Dorfes. Schmuck sahen die Gehöfte aus. Zur Straßenseite waren sie mit einer weiß getünchten Mauer umgeben. Blühende, fruchtbare Gärten waren der Stolz der Bäuerin. Akazienbäume umsäumten die Dorfstraße. Schon von Weitem roch man ihren wunderbaren Duft. Kam man näher an sie heran, dann summte es vor lauter Bienen, die sich ihren Honig aus den Blüten holten. Zwischen den beiden Häuserreihen war ein breiter fruchtbarer Streifen Land mit Rizinusstauden bepflanzt. Das Haus meiner Großeltern lag gegenüber der Kirche, so ziemlich in der Dorfmitte, wo auch der Dorfbrunnen stand. Das Haus meiner Eltern stand am Dorfausgang und war noch recht neu, aus roten Ziegeln errichtet. Unser Hof war zu der Zeit verpachtet und Onkel Emil bewirtschaftete das Erbe meiner Eltern.

In der Kirche war auch zugleich das Schulhaus untergebracht. Sonntags riefen die Glocken zum Gottesdienst und an den Werktagen tummelten sich die Schüler im Gebäude und wurden im Lesen, Rechnen und Schreiben unterrichtet. So hatte beides seinen Platz im Leben der Bevölkerung: das Wort Gottes und die Erziehung der Jugend zu einem verantwortungsvollen Dasein.

In diesem schmucken, sauberen Dorf erblickte ich am 3. Januar 1934 das Licht der Welt. Meine Großeltern haben immer darauf bestanden, dass die Enkelkinder in ihrem Haus unter ihrer Obhut geboren wurden. So waren meine Eltern schon vor Weihnachten von ihrem Wohnort Purkari, wo die landwirtschaftliche Schule stand, an der mein Vater unterrichtete, nach Sofiental aufgebrochen, als der Geburtstermin näher rückte. Ich war das zweite Kind in der Familie und der Schrecken war groß, als ich geboren wurde und kaum lebensfähig war. Die Hebamme wickelte mich in ein Tuch und legte mich zur Seite. Sie versorgte erst meine Mutter, weil sie keine Hoffnung für mich hatte. Jedenfalls wurde mir dies später so erzählt. »Dieses Kind ist zu schwach«, sagte sie zu meiner Großmutter, »es wird den Abend kaum erleben.«

Großvater wurde von der Hiobsbotschaft unterrichtet, eilte herbei, hob mich aus den Kissen, schlug mir kräftig auf den Rücken, rieb mir mit seinen großen warmen Händen den Körper, sah mir in die Augen und litt Not. Schnell wurde der Pfarrer geholt und ich wurde notgetauft.

So stand mein Eintritt in diese Welt unter keinem guten Stern. Aber Gott wollte, dass ich lebe. Er hat mich geschaffen, elend, aber doch wunderbar und hat mir aller Todesahnung zum Trotz neue Kräfte geschenkt. Ich war ein schwaches Kind und blieb es auch über viele Jahre, aber doch regte sich in mir Lebensfreude und Energie. Großmutter hat mich vom ersten Tag an aufgepäppelt und mit jedem neuen Tag ging es aufwärts mit mir.

Bald nach der Geburt ging es wieder nach Purkari. Im großen Schlitten, der von vier Pferden im hohen Schnee gezogen wurde, ging die Fahrt zurück nach Hause. In Bessarabien war es Sitte, dass eine Wöchnerin sehr gut versorgt wurde. Die Nachbarinnen sprachen sich miteinander ab und jeden Tag übernahm es eine Familie, die besten Speisen ins Haus der Wöchnerin zu bringen: Täubchensuppe, Hühnerschenkel, Reisbrei mit Zimt. Schnell sollte sich die junge Mutter erholen.

Später, als ich selbst Mutter wurde, habe ich einmal sehr schmunzeln müssen. Unser Sohn Gottfried war geboren. Ich lag auf der Entbindungsstation des Bad Arolser Krankenhauses. Am dritten Tag besuchte mich mein Vater. Er war von Bebra über eine Strecke von hundert Kilometern im Zug angereist und hatte dreimal umsteigen müssen. In seiner Hand trug er eine Drei-Liter-Milchkanne und ein Hühnerbein guckte oben heraus. »Papa«, lachte ich schallend, »meinst du, ich müsste hier verhungern?« Dabei wurde es mir warm ums Herz. Wie viel Liebe verbarg sich in diesem Essen. Meine Mutter musste schon sehr früh aufgestanden sein, um das Huhn zu schlachten und die Nudeln so fein zu schneiden. Niemals mehr habe ich so fein geschnittene Nudeln gesehen. Gesund sollte ich werden und mich gut nach den Strapazen der Geburt erholen. So scheuten meine Eltern keine Mühe. Und wie ich meinen Vater kenne, wird er allen Mitreisenden von seiner großen Freude erzählt haben, dass er schon wieder Großvater geworden sei. Zum vierten Mal sei ihm ein Enkelkind geschenkt worden und diesmal noch ein Junge dazu, wo er selbst nur fünf Töchter hatte.

Aber zurück zu den Umständen meiner Geburt. Wir lebten in Purkari, einem kleinen Ort, der von Rumänen und Russen besiedelt war. Mehrere Tausend Morgen Land gehörten zum landwirtschaftlichen Institut. Es war ein Staatsgut, auf dem junge Bauernsöhne zu tüchtigen Landwirten herangebildet wurden. Der rumänische Königshof bezog seinen Wein, sein Getreide, sein Schlachtvieh, seine Butter und seine Milch von diesem hervorragend geleiteten Landgut. Hochwertige Weinsorten wurden angebaut und in Bezug auf die Schafzucht wurden Versuche unternommen, besondere Tiere zu züchten, die widerstandsfähig waren und gute Felle lieferten. Es waren die Karakulschafe. Für mich verbinden sich mit der Landwirtschaftsschule wunderschöne, frohe Erinnerungen.

Oft kamen vom Königshaus aus Bukarest Delegationen angereist, die das Gut besichtigen wollten. Dann durfte ich auf dem Kutschersitz mitfahren, wenn mein Vater seinen Gästen die Felder zeigte. Unser Kutscher Nasari gab mir dann die Leine und die Peitsche in die

Hand und stolz lenkte ich die Kutsche. Manchmal musste ich die Pferde anhalten, die Besucher stiegen ab und mein Vater erklärte ihnen die verschiedenen Versuchsfelder mit Weizen und anderen Getreidesorten oder führte seine Gäste zu den Schafherden. Auch die kühlen Weinkeller, die unter der Erde angelegt waren, wurden besichtigt. Manche Fässer waren größer als ein Mensch.

Ich hatte auch immer viele Spielkameraden. Die Kinder der Lehrer und Arbeiter waren meine Freunde. Sie sprachen russisch oder rumänisch und so bin ich mehrsprachig aufgewachsen. Wir waren die einzigen Deutschen auf dem Gut, wenn ich von unserer Köchin und dem Kindermädchen absehe. Ich konnte besser rumänisch als deutsch reden und flocht oft auch russische Worte in mein Reden mit ein. Jeden Sommer fuhren wir in einem Vierspänner zu den Großeltern nach Sofiental und dann nach Budaki, einem Badeort am Schwarzen Meer, wo unsere Familie die Sommermonate verbrachte. Die landwirtschaftliche Schule, an der mein Vater Professor war, hatte ihre Pforten geschlossen, denn die jungen Männer wurden dringend auf ihren Höfen bei der Ernte gebraucht. Während wir Kinder uns am Strand tummelten, zog sich mein Vater ins Sommerhaus zurück, um wissenschaftlich zu arbeiten. Nur am Spätnachmittag erschien er am Meer und dann war die Freude groß. Keiner konnte sich so gut mit uns in den Fluten vergnügen wie Vater. Am Strand spielten wir Fangen oder bauten Burgen, die wir mit großen und kleinen Muscheln verzierten. Am schönsten aber war es, wenn wir nach dem Baden auf einer bunten Decke lagen, uns in der Sonne rekelten und Vater Geschichten aus seinem Leben erzählte.

Es waren immer wahre Geschichten und wir Kinder haben gelacht und geweint, waren gespannt und aufgeregt, haben gehofft und gebangt. Mein Vater war ein Meister im Erzählen. Was hat er alles mit seinem Hund Rappka erlebt! Dieses treue Tier wurde uns zu einem guten Freund. Es war oft so, als finge er die Hasen vor unseren Augen oder vertriebe die Viehräuber und wir waren mitten unter den Herden. Stolz war ich auf meinen Vater, wenn er Rappka im Kampf mit einem Wolfshund aus seiner bedrohlichen Lage befreite und ihm dann seine Bisswunden verband. Ich litt mit diesem treuen Tier, bis Vater den befreienden Satz sagte: »Aber bis zur nächsten Hasenjagd waren alle seine Blessuren abgeheilt und Rappka konnte noch schneller springen als zuvor.«

Oder ich denke an die Geschichte von den siebenundzwanzig zerschlagenen Tellern. Vater entstammte einer großen Familie. Sechs Jungen und sechs Mädchen hatte seine Mutter geboren. Hinzu kamen noch Knechte und Mägde. Wie viele an der Zahl, das weiß ich nicht zu sagen. Im Sommer, wenn er von Sarata, wo er das Gymnasium besuchte, nach Hause kam, musste er seiner Mutter im Haushalt helfen und die jüngeren Geschwister betreuen. Seine Brüder aber waren beim Ernten und Dreschen eingesetzt. So gehörte es zu seinen Pflichten, die Milch zu entrahmen, die Butter im Fass zu stoßen, den Brotteig zu kneten, den Backofen mit Stroh und ausgedroschenen Maiskolben zu schüren, das Wasser aus dem Dorfbrunnen zu holen, die Petroleumlampen zu putzen, die Sommerküche zu fegen, Enten und Gänse zu füttern, die Eier aus den Nestern zu holen und nach den Glucken zu schauen. Nach dem Essen stand immer ein Berg von Geschirr auf dem Tisch, das gespült und abgetrocknet werden musste. Einmal passierte ihm bei der Arbeit ein Missgeschick. Während Vater einen Teller nach dem anderen abtrocknete und auf die etwas schräge Fensterbank stellte, sagte er das Gedicht vom Erlkönig auf:

Wer reitet so spät durch Nacht und Wind?
Es ist der Vater mit seinem Kind.
Er hat den Knaben wohl in dem Arm,
er fasst ihn sicher, er hält ihn warm.

Immer höher stapelte er das Geschirr. Bei der siebten Strophe deklamierte er:

Ich liebe dich.
Mich reizt deine schöne Gestalt.
Und bist du nicht willig,
so brauch' ich Gewalt.

Plötzlich gab es einen lauten Krach. Der hohe Stapel mit Tellern geriet auf der schrägen Fensterbank ins Rutschen, fiel auf den Boden und die Teller zersprangen in tausend Stücke. Sein Schrecken war groß. Seine Mutter – sie war eine resolute Frau – hatte das Klirren und den dumpfen Schlag gehört und erschien sofort in der Küche, einen Besenstiel in der Hand. Sein Vater war auf dem Hof und hatte das Malheur auch wahrgenommen. Er kam schnell herbeigerannt und rief laut: »Albert, komm sofort auf den Dreschplatz, du musst mir beim Ölen der Maschine helfen!« Kein Befehl war ihm lieber als dieser. Mit einem Satz entwischte er durch die Hintertür. Noch auf dem Hof hörte er das Schimpfen seiner Mutter: »Wozu hat man die Kinder großgezogen, wenn sie noch nicht einmal das Geschirr abtrocknen können? 27 Teller, welch ein Schaden!« Bis zum Abend ließ sich Vater wohlweislich nicht mehr in der Küche sehen. Bis zum Abendbrot aber hatte seine Mutter das Malheur vergessen. Neue Teller wurden gekauft.

So haben wir Kinder am Strand des Schwarzen Meeres viele fröhliche und ernste Geschichten gehört. Wenn er mit dem Erzählen aufhören wollte, bettelten wir wie aus einem Mund: »Papa, erzähl weiter, immer weiter!« Sein Schatz an Geschichten war unergründlich. Es waren meist Alltagserlebnisse.

Friedrich war sein ältester Bruder. Er kam vom Militärdienst im Urlaub nach Hause. Etwas großspurig und selbstbewusst zündete er sich vor den Augen seiner Mutter eine Zigarette an. Sie aber konnte das Rauchen nicht ausstehen. Ihr war es schon zu viel, dass ihr Mann ein starker Raucher war. Er brauchte fast keine Streichhölzer, weil er sich immer eine Zigarette an der anderen anzündete. Mutter sah Friedrich bei seiner Hantierung zu. Er hatte noch nicht einmal den Glimmstängel zwischen den Lippen, da holte sie mit ihrer kräftigen Hand aus und die Zigarette landete auf dem Fußboden. »Hast du bei den Soldaten sonst nichts gelernt als nur das Rauchen?« Das war alles, was sie zu diesem Vorfall zu sagen hatte. Die jüngeren Brüder kicherten hinter vorgehaltener Hand. Die Schadenfreude war auf ihrer Seite. »Unser Soldat, unser Friedrich, hat sicher zum ersten und zum letzten Mal zu Hause geraucht«, flüsterten sie sich zu. Friedrich aber ging wortlos aus der Küche. Nie mehr in seinem Leben hat er eine Zigarette angefasst. Von ihren sechs Söhnen hat keiner geraucht oder sich betrunken. Dafür hat meine Großmutter mit ihrem strengen Regiment gesorgt.

Und noch ein Erlebnis will ich erzählen: Ein sichtliches Vergnügen bereitete es den Brüdern, die oft zu sechst in einem überdimensionalen Bett – drei am Kopfende und drei am Fußende – schliefen, wenn sie ihre Kräfte zu messen begannen. Sie stemmten die Fußsohlen gegeneinander und drückten so lange, bis der Stärkere von beiden ermittelt war. Einmal barst bei diesem Kampf das rote Inlett. Die Federn wirbelten nur so durch die Luft. Dann trat vor lauter Schreck bei den Buben Ruhe ein. Das war nun wiederum für Großmutter sehr verdächtig. Mit ihrer ganzen Breite – sie wog über zwei Zentner und war von kleiner Statur – stand sie im Türrahmen. Sie sah das Malheur, fragte nicht lange, wer denn der Schuldige sei, sondern verteilte die Tracht Prügel gerecht. In der Schlafkammer kehrte danach Ruhe ein.

Die Neuansiedlung

1940 musste meine Familie Bessarabien verlassen und wir wurden im Herbst 1941 in Polen neu angesiedelt. Fünf Höfe im Warthegau übergab man uns, sie entsprachen in etwa dem Grund und Boden, den wir in Bessarabien zurückgelassen hatten.

Mein Vater hatte nie selbst Landwirtschaft betrieben, er war ja als Agrarökonom an einer Schule tätig gewesen und hatte gelehrt. Die Ländereien in Bessarabien waren immer verpachtet gewesen und stammten aus dem Erbe seines Vaters und Schwiegervaters. Mühsam war nun der Neuanfang in Polen. Der November war nass und kalt. Schnee war schon gefallen, aber auf den Feldern steckten immer noch die Zuckerrüben in der Erde. Bis zu den Knöcheln versanken die Landarbeiter im Schlamm. Es war eine beschwerliche, anstrengende Arbeit, bis die letzte Rübe auf den Wagen geladen war. Schon früh wurden wir mit zur Arbeit eingeteilt. Morgens um fünf Uhr wurden wir Kinder abwechselnd geweckt und mussten in den Kuhstall. Zu unserer Aufgabe gehörte es, die gemolkene Milch zu messen und die Menge ins Melkbuch einzutragen. So lernte ich früh, Verantwortung zu übernehmen.

Außerdem hatte mir Vater erlaubt, Kaninchen zu züchten. Meine Zucht florierte, als Vater mir einen großen Stall baute. Hafer, Grünfutter, Heu und Rüben konnte ich aus der Scheune holen. Meine Tiere gediehen prächtig. Innerhalb von drei Jahren besaß ich über hundert Kaninchen. Ich war stolz auf meine Leistung und war sehr glücklich mit meinen Tieren. Nur am Schlachttag verkroch ich mich in mein Zimmer und von dem Braten konnte ich kein Stück essen.

An unser Haus schloss sich ein riesengroßer Obst- und Gemüsegarten an. Wie gerne saß ich im Kirschbaum, träumte vor mich hin und pflückte mir die schönsten Früchte. Im Sommer halfen wir bei der Beerenernte. Eimerweise trugen wir Himbeeren, Johannis- und Stachelbeeren in die Küche. Unser Ertrag war so groß, dass wir sogar den Kindergarten mit dem köstlichen Obst versorgen konnten.

Ich liebte den Umgang mit Erde und Tieren. Das Bauernblut floss in meinen Adern und es hat mich auch später glücklich gemacht, wenn mir in meinem Garten der Samen durch die Finger rann, ich die Erde in meinen Händen hielt und mir die Sonne warm auf den Rücken schien. Vater nahm mich auf seinem Einspänner mit, wenn er über die Felder fuhr und seine Landarbeiter beaufsichtigte. Erhobenen Hauptes saß ich neben ihm, durfte die Leine halten und mit der Peitsche knallen. Oft stiegen wir ab und Vater zerrieb die Roggenkörner in seinen Händen, um zu prüfen, ob sie reif waren. War die Kartoffelernte an der Reihe, dann ließ er fünfzig Frauen mit ihren Wärterinnen aus dem Gefängnis holen, damit die Felder geerntet werden konnten. Diese jungen Frauen kamen gerne zur

Unterstützung unserer Arbeiterinnen aufs Land, denn Mutter verköstigte die Gefangenen aufs Beste. Meist ließ sie eine kräftige Bohnensuppe mit Schinkenfleisch kochen und einen Schokoladenpudding gab es dazu.

Wir Kinder wurden beim Kartoffellesen auch mit eingesetzt. Schon am Tag zuvor wurde das Feld in kleine oder größere Abschnitte aufgeteilt, je nach unserem Alter. Am schönsten waren die Mahlzeiten auf dem Acker mit allen Erntehelfern. In großen 20 Liter-Kannen war die Suppe herantransportiert worden und der Pudding in großen Töpfen. Für die gefangenen Frauen, die manchmal eine mehrjährige Haft abzusitzen hatten, war dies wie ein Festessen, denn meine Mutter sparte nicht an Fleisch und Sahne und anderen guten Zutaten. Oft wurde extra für die Kartoffelernte ein Schwein geschlachtet. Binnen weniger Tage waren die Felder abgeerntet und die Kartoffeln in langen Mieten eingegraben. Ein großer Teil wurde auch gleich zum Bahnhof gefahren und mit Waggons abtransportiert.

Das war das Besondere an meinen Eltern. Sie überließen nichts dem Zufall, sondern planten alle Arbeiten genau ein. Knechte und Mägde wurden nach getaner guter Arbeit mit Extragaben an Naturalien belohnt. So gaben sie ihr Bestes.

Viele polnische Arbeiterfamilien waren groß. Sieben, acht Kinder waren keine Seltenheit. Der Verdienst des Vaters war meist gering und mit ihren Lebensmittelkarten konnten sie nicht so viel kaufen wie wir Deutschen. So hat mein Vater jeder Familie ein Stück Land zugeteilt. Darauf konnten sie Gemüse und Kartoffeln anbauen. Es blieb ihnen auch die Möglichkeit, ein Schwein zu schlachten und ein paar Hühner zu halten. Waren die Zuckerrüben an die Fabrik geliefert und hatten wir unsere zusätzlichen Zuckersäcke als Prämie erhalten, dann vergaß meine Mutter nie, ihre Mägde an den Zuckerrationen zu beteiligen. So konnten auch sie herrliche Weihnachtsplätzchen backen. Wer seine Ländereien und sein Vieh gut versorgt wissen will, muss seine Arbeiter vortrefflich behandeln, ihren Fleiß achten und ihren Einsatz belohnen. Die Treue unserer Knechte haben wir besonders später auf der Flucht erfahren. Zwei polnische Männer begleiteten uns und lenkten die Wagen. Als die Amerikaner längst in Deutschland einmarschiert waren, stand uns unser Stachow noch immer zur Seite und betreute unsere Pferde bestens. Ohne die Mithilfe unserer Knechte hätten wir die vielen Kilometer auf vereisten Straßen nicht so gut zurücklegen können. Sie haben alle Strapazen auf sich genommen, obwohl zu Hause ihre Familien auf sie warteten.

In schlechter Erinnerung bleibt mir die Schule. Ich kam erst im November in die erste Klasse. Die anderen Schüler waren im Unterrichtsprogramm weit fortgeschritten. Gewiss, mein Vater hatte mir Lesen und Schreiben beigebracht, aber nach der Sütterlinschrift. In meiner neuen Fibel konnte ich nun gar nichts lesen, da sie die lateinische Schrift enthielt. Meine Lehrerin kümmerte sich nicht allzu viel um mich und ließ mich in der hintersten Reihe sitzen. Ich zählte zu den Dummen. Mich hat diese Situation sehr verunsichert und geärgert. Ich schlug zu Hause meine Fibel auf und probierte, hinter das Geheimnis der lateinischen Buchstaben zu kommen. So nach und nach ging mir ein Licht auf und ich rückte einige Plätze nach vorne. Ich lernte nun mit großem Eifer und war glücklich, als ich das Geheimnis der Schrift entschlüsselt hatte. Nach drei Monaten hatte ich meine Klassenkameraden im Lesen eingeholt. Seitdem gehörten Lesen und Schreiben zu meinen Hobbys.

Ein anderes Problem waren die kalten Winter und das schlechte Schuhwerk. Mein Schulweg betrug ungefähr drei Kilometer. Morgens nahm uns der Milchwagen mit. Aber oft fing der Unterricht erst mit der zweiten Stunde an und wir mussten so lange auf dem Schulhof in der Kälte warten. Damals sind mir die Zehen erfroren und über Jahre hinweg quälten mich die Frostbeulen. Saß ich im Warmen, dann fingen die erfrorenen Stellen heftig an zu jucken und zu schmerzen. Abends folgte immer das gleiche Ritual, um sich ein wenig Linderung zu verschaffen: kalte und warme Wechselbäder und das lästige Einreiben mit Frostsalbe. Oft habe ich in meinem Bett, das ich mit meiner jüngeren Schwester teilen musste, vor lauter Qual geweint, weil der Juckreiz mir den Schlaf verweigerte. Als ich später selbst Kinder hatte, habe ich ihnen immer sehr gutes Schuhwerk und warme Wollsocken gekauft. Dieses schreckliche, quälende Übel des Juckens und Schmerzens sollte ihnen erspart bleiben.

Aber der Winter brachte auch Vergnügen mit. So war ich begeistert, wenn ich mich auf dem zugefrorenen Teich tummeln konnte. Einmal jedoch bin ich im Eis eingebrochen. Vom Garten her beobachteten mich mein Vater und mein Onkel. Ich hörte noch, wie Onkel Rudolf sagte: »Na, Albert, hast du denn keine Angst, dass das Kind einbricht? Noch ist das Eis in der Tiefe nicht stark genug gefroren.« Die Antwort meines Vaters war sehr zuversichtlich: »Meine Lotte weiß, was sie tut.« Im nächsten Augenblick hörte ich das Knarren des Eises und brach ein. Vorsichtig schob ich mich auf das Eis und erreichte das rettende Ufer. Im Nu waren meine Hosen, Strümpfe und mein Pullover auch zu Eis gefroren und ich steckte wie in einem eisigen Panzer. Ich lief, so schnell mich meine Füße tragen konnten, nach Hause. Ein heißes Bad verhinderte eine Lungenentzündung. Danach wurde ich mit Wärmflaschen und gestrickten Socken ins Bett verfrachtet. Das Abenteuer auf dem Eis hatte keine weiteren bösen Folgen für mich. Aber ich bin nie wieder aufs Eis gegangen. Der Schock saß sehr tief.

Auch wenn ich eine Dummheit begangen hatte und beinahe ertrunken wäre, so hat das Vertrauen, das Vater zu mir hatte, doch zu einem gesunden Selbstbewusstsein bei mir beigetragen. Ich liebe den Frühling, Sommer und Herbst. Der Winter bereitet mir wohl wegen der erfrorenen Zehen und dem Einbruch auf dem Teich bis heute Angst. Von allen Jahreszeiten ist mir der Herbst am liebsten. Dann wird die Ernte eingebracht und ich kann den Lohn der Mühe und Arbeit deutlich sehen und erfahren. Waren die letzten Zuckerrüben abgeerntet und in der Fabrik abgeliefert, kehrte in der Landwirtschaft ein wenig Ruhe ein, wenn auch das Vieh in den Ställen gut versorgt werden musste. Für die Mägde war besonders die Zeit vor Weihnachten arbeitsintensiv. Gänse, Enten, Puten wurden geschlachtet. Brüstchen und Schenkel des Federviehs wurden geräuchert und so für mehrere Monate haltbar gemacht. An den langen Winterabenden stopften die jungen Frauen die Kissen mit herrlichen Daunen und unsere polnischen Familien freuten sich, wenn sie ein neues Federbett ihr Eigen nennen konnten.

Das Leben auf einem Gutshof war interessant und wunderschön. Nie hatte ich Langeweile. Wenn wir unsere Schularbeiten und die vom Vater auferlegten Pflichten ordentlich erfüllt hatten, durften wir nach Herzenslust spielen. In der Scheune bereitete es uns Vergnügen, vom hohen Gebälk ins Heu herunterzuspringen. Auf dem Hof und den langen Feldwegen fuhren wir Fahrrad. In unserem Teich planschten wir in den heißen Sommermonaten und im Garten konnten wir uns so viele Beeren, Äpfel und Birnen holen, wie wir wollten. Ich liebte das Landleben und ging davon aus, dass es immer so glücklich weiterging. Aber da hatte ich mich getäuscht.

Auf der Flucht

Am Morgen des 19. Januar 1945 war ich noch in die Schule gegangen, aber schon nach einer Stunde Unterricht schickte uns die Lehrerin nach Hause. Auf unserem Gutshof herrschte Aufregung. Die Ackerwagen standen mit Zuckerrüben beladen noch auf dem Güterbahnhof. Zwei Knechte mussten die Rüben vom Wagen schaufeln und die Erde von den Brettern kehren. Ungeduldig wartete meine Mutter zu Hause auf die Knechte. »Wo bleibt ihr nur so lange? Wir müssen doch fort. Die russischen Panzer sind höchstens noch 80 km von uns entfernt. Ladet jetzt schnell Säcke mit Hafer auf die Wagen und helft dann, die Sachen, die mitgenommen werden, aus dem Haus zu transportieren.« Meine Mutter war erst ganz kurz vorher aus dem Krankenhaus geholt worden, wo sie mit einer schweren Gallenblasenentzündung und mit einer Gelbsucht wochenlang gelegen hatte. Nur ihrem Krankenhausaufenthalt war es zu verdanken, dass wir schon am 19. Januar 1945 flüchten konnten. Aber schon einen Tag später haben sich alle Deutschen auf die Wanderschaft begeben, von der man nicht wusste, wo sie hinführen sollte. »Westwärts!«, hieß die Parole, immer nur »westwärts!«

In unserer Küche herrschte Hochbetrieb. Die ganze Nacht hindurch hatten die Mägde Brötchen gebacken, die dann wie Zwieback haltbar gemacht wurden. Sie füllten mehrere Leinensäcke. Sie bewahrten uns auf unserem langen Fluchtweg vor Hunger. Aus der Räucherkammer ließ meine Mutter die Puten-, Gänse- und Entenschenkel holen und auf den Wagen laden. An Kleidung durfte nur das Nötigste mitgenommen werden, denn wir brauchten vor allen Dingen Platz für die Hafersäcke. Wie gerne hätte ich einige Bücher und mein kleines Puppenwägelchen auf den Wagen geschmuggelt – ich hatte diese Geschenke erst zu Weihnachten bekommen –, aber strengen Blickes wachte mein Vater über alles, was mitgenommen werden durfte. Zum Schluss fanden noch mehrere 20 Liter-Kannen Milch ihren Platz und ein großes Deckbett. Es hat uns vor dem Erfrieren bewahrt, denn die Temperaturen waren auf minus 20 Grad gefallen.

Es war schon fast Mitternacht geworden, als sich Vater von seinen treuen Mitarbeitern auf dem Hof verabschiedete. Er gab dem Betriebsleiter schon die letzten Anweisungen, als Mutter noch schnell unsere Magd zu sich rief: »Helena, hol die Schinken vom Boden, die hätten wir beinahe vergessen!« Wie froh waren wir auf unserem monatelangen Fluchtweg über Speck und Schinken. In einer sternklaren Nacht verließen wir unser Gut. Meine Tante Anna mit ihrem Sohn Hugo schloss sich unseren zwei Wagen an. Onkel Rudolf aber durfte seinen Hof nicht verlassen. Er sollte als Volkssturmmann die russischen Truppen zurückschlagen.

Für uns Kinder begann ein richtiges Abenteuer.

Noch hatten wir keine Angst. Vater und Mutter waren ja bei uns und an den Kanonendonner hatten wir uns allmählich gewöhnt. Tag und Nacht zogen unsere sechs Pferde die beiden schweren, offenen Kastenwagen über vereiste Straßen. Nur ab und zu wurde eine kurze Rast eingelegt, wenn die Pferde getränkt und gefüttert wurden. Am meisten zitterten wir, wenn über uns feindliche Bomber oder Tiefflieger auftauchten und ihr Dröhnen und ihre Schießereien uns Furcht einjagten. Wo hätten wir uns verstecken sollen, uns blieb ja nur die Landstraße und ihr Graben. Wenn die tödlichen Salven über uns hinwegratterten, waren wir wie gelähmt. Manches Kindergebet stieg zum Himmel auf, dem dann der Dank folgte, wenn der Angriff vorüber war.

Eine ständige Gefahr war die Straßenglätte. Stürzte ein Pferd, dann bewegte uns die bange Frage: Wird das Tier wieder aufstehen können, oder hat es sich den Fuß gebrochen? Rechts und links lagen die Kadaver der getöteten Tiere, denn sie mussten nach solch einem Sturz einfach erschossen werden. Den Wagen aber schob man an den Straßenrand oder noch besser in den Graben. Zu Fuß ging dann die Flucht weiter. Was das für unsere Familie bedeutet hätte, ist kaum auszudenken. Meine Mutter litt ja noch unter den Folgen ihrer schweren Erkrankung und war zudem hochschwanger.

Inzwischen hatten wir schon mehrere Wochen auf den Straßen zugebracht. Schnee und Eis waren gewichen. Der Frühling sagte sich an und in den Gärten blühten die ersten Schneeglöckchen und Krokusse. Die

Vögel begannen ihr Lied in den Himmel zu zwitschern und wir waren froh, dass Eisglätte und Frost vorüber waren. Aber da stellte sich uns ein neues Hindernis in den Weg. Wir näherten uns dem Harz und an unserem Kastenwagen hatten wir keine Bremsen, denn bei uns war alles eben gewesen. Bergauf war die Fahrt noch eher zu schaffen, obwohl sich die Pferde tüchtig ins Zeug legen mussten und mächtig keuchten. Wir mussten alle vom Wagen absteigen und kräftig anschieben. Aber wenn es bergab ging, dann drohte uns eine Katastrophe. Äste mussten von den Bäumen abgesägt und dann in die Speichen gesteckt werden, damit die Räder blockierten. Es war ein gefährliches Unterfangen, man musste neben dem Wagen herlaufen und den Ast fest in den Händen halten und damit bremsen. Meist musste ich mit meinen elf Jahren die Pferde lenken, während der Kutscher als Bremser fungierte. Jedes Mal atmete ich erleichtert auf, wenn wir die Talsohle erreicht hatten und alles gut gegangen war. Schweißgebadet legte ich dem Kutscher gerne die Leine zurück in seine Hände.

In einem Ort schenkte uns ein Schmied einen Hemmschuh. Er wurde unter ein Rad gelegt, das mit einer Eisenkette blockiert wurde. So schleifte der Hemmschuh über die Straße. Bei einer Abfahrt, die mehr als zwei Kilometer lang war, flog der Hemmschuh gerade in dem Augenblick ab, als wir den Berg hinter uns gelassen hatten. Er war durch die starke Beanspruchung in zwei Teile zerborsten. Wäre uns dieses Malheur auf halber

Höhe passiert, wären mir rettungslos in den Abgrund gerast. Die Pferde hätten die schwere Last des Wagens nicht halten können. So erlebten wir viel Bewahrung auf unserer langen, beschwerlichen Reise.

Der Harz bot mit seinen herrlich blühenden Wiesen und Wäldern ein idyllisches Bild. Buschwindröschen, Himmelsschlüsselchen und Trollblumen lagen wie ein ausgebreiteter bunter Teppich vor uns. Wir waren sehr über den Frühling beglückt, denn unser Vorrat an Hafer ging zur Neige. Wenn wir irgendwo an einer Stelle haltmachten, dann band unser Knecht die Pferde von der Deichsel los und weidete sie auf den Wiesen. Manchmal machten wir uns auch ein Vergnügen und ritten ein Stück weit in den Wald hinein. Solch schöne Augenblicke halfen uns zu vergessen, dass wir auf der Flucht waren und bangen mussten, bald dem Feind in die Hände zu fallen.

In Großörner bei Hettstedt endete zunächst unsere Fahrt. Bei einer Familie wurden wir einquartiert und erhielten ein Zimmer. Die Knechte schliefen bei unseren Pferden im Stall oder auf dem Heuboden. Dies war wohl die schrecklichste Zeit meines Lebens, denn Nacht für Nacht wurden wir durch das Sirenengeheul aus dem Schlaf geschreckt. Wir konnten nur noch mit Kleidern ins Bett gehen. Ertönte die Sirene, dann musste jeder sein Köfferchen oder seinen Rucksack nehmen und so schnell wie möglich in einen nahen Park rennen. Dorthin wurden auch die französischen Gefangenen gebracht, denn die Luftschutzkeller reichten bei

Weitem nicht für die Bevölkerung aus. Im Schutz der Bäume saßen wir auf Parkbänken und beobachteten die herannahenden feindlichen Fliegerverbände. Flogen sie bloß über unseren Ort hinweg, dann waren wir froh. Aber einmal wurden sogenannte Christbäume an den Himmel gesetzt. Plötzlich erhellten Leuchtkugeln die Nacht. Es wurde taghell. Wir rannten, so schnell wir konnten, los und verkrochen uns im Gebüsch. Dann hörten wir auch schon die heftige Explosion der Bomben. Ich verspürte den Luftdruck, der mich zu Boden drückte. Die Angst riss mir fast das Herz aus dem Leibe und ich schrie zu Gott: »Vater im Himmel, rette uns! Lass uns nicht sterben!« Als der Bombenangriff vorüber war, befühlte ich meine Arme und Beine. Ich war heil geblieben. Ich kroch aus meinem Versteck, taumelte, als sei ich gelähmt, auf meine Parkbank zu und schrie nach meinen Eltern. Unbeschadet hatten wir den Angriff überstanden. Mit einem Stoßgebet dankte ich Gott für diese Rettung. Wir waren alle heil geblieben. Aber die Angst saß doch tief. Nicht weit von uns entfernt hatten die Bomben Todesopfer gefordert und verheerende Schäden angerichtet.

Die Bombenangriffe auf Großörner wurden immer gefährlicher. Rüstungsbetriebe waren hier angesiedelt und ihnen galt die feindliche Zerstörungswut. Mein Vater war auf Sicherheit bedacht und beschloss, mit unseren Pferden in einen kleineren Ort zu ziehen, nach Braunschwende.

Mein Vater ging von Haus zu Haus und bat bei den

Bauern um eine Unterkunft für die Nacht. Aber alle Häuser waren schon mit Flüchtlingen überbelegt. So suchten wir im einzigen Gasthof einen Platz für die Nacht. Er war mit Militär übervoll ausgelastet. Aber irgendwo fanden wir neben den Soldaten noch ein Bett für meine Mutter. Sie hatten ein Herz für sie, denn es war nicht zu übersehen, dass die Stunde der Geburt näher rückte. Wir Kinder holten uns unser Federbett vom Wagen und legten es auf die Holzdielen. Todmüde schliefen wir sofort ein. Als wir am nächsten Morgen erwachten, hatten sich die Soldaten alle aus dem Staub gemacht. Sie müssen wohl panikartig aufgebrochen sein, denn auf den Betten und in den Spinden lagen noch ihre Sachen: Rasierzeug, Schuhe, Fotos und auch Lebensmittel, über die wir uns besonders freuten, denn unsere Mägen waren leer. Es war uns zumute, als habe uns Gott ein Manna gerichtet.

Aber der Gastwirt gab uns gleich zu verstehen, dass wir nicht länger in seinem Saal bleiben dürften. Wieder ging die Sucherei los. Gegenüber dem Löschteich stand ein unbewohntes Haus. Dort wurden Altmaterialien gelagert. Mein Vater schaute sich das etwas verwahrloste Haus an und war entschlossen, hier Quartier zu beziehen. Sofort machte er sich mit den Knechten an die Arbeit, sämtliche Lumpen, Knochen, Eisenteile und Papierballen aus den Zimmern zu schaufeln. Wir alle halfen mit und innerhalb eines Tages hatten wir das ganze Haus von Unrat befreit. Ein freundlicher Bauer überließ uns etwas weiße Farbe und unser Stachow tünchte sofort die Wände. Aus hygienischen Gründen war dies dringend nötig. In der angrenzenden Scheune fanden wir einen alten gusseisernen Herd und schlossen ihn an. Unsere Wagenbretter dienten uns als Unterlage für unsere Schlafstatt. Elektrisches Licht und fließendes Wasser waren nicht vorhanden, aber im Hof war ein tiefer Brunnen und so hatten wir alles, was wir zum Leben nötig hatten. Heute staune ich, wie anspruchslos wir damals waren. Wir waren dankbar, wenn wir unsere nackte Haut retten konnten. Todmüde sanken wir an diesem Abend auf unsere Lagerstatt, aber der Beschuss durch feindliche Truppen war so stark, dass wir kein Auge zumachen konnten. Zwei Tage später fuhren die feindlichen Panzer durch unser Dorf. Aber bei uns war kein einziger Schuss gefallen. Braunschwende war vom Bürgermeister kampflos übergeben worden. Zum Zeichen, dass nicht gekämpft werden sollte, hatte die Bevölkerung weiße Betttücher aus den Fenstern gehängt. Wir dankten Gott für unsere Bewahrung.

Geburt und Tod

In der Nacht zum 2. Mai 1945 setzten bei meiner Mutter die Wehen ein. Ein Militärfahrzeug brachte sie in die nächste Klinik nach Wippra. Dort wurde sie von einer Tochter entbunden. Unsere Freude war groß. Wie lange hatten wir auf diese Stunde gewartet. Nun war ein hübsches kleines Mädchen geboren. Wir gaben ihm den Namen Erika. Jeden Tag bettelte ich bei den Bauern des Dorfes um Eier, Milch, Brot und andere nahrhafte Lebensmittel für meine Mutter, denn die Versorgung im Krankenhaus war katastrophal. Einmal schenkte mir unsere Nachbarin sogar ein Täubchen und wir kochten eine kräftige Suppe davon. Es war zwar verboten, das Dorf zu verlassen, aber wir Kinder waren mutig, galt es doch, für die Mutter zu sorgen. Ich wurde auch nie von der amerikanischen Militärpolizei angehalten oder belästigt. Wir bangten um unsere Mutter, denn sie war durch die Strapazen der Flucht sehr mitgenommen und schwach. Das größte Problem war das Stillen. Das Baby war zwar ein schönes, großes Kind, aber auch sehr elend. Es hatte keine Kraft zum Trinken und schon nach fünf Tagen starb unser kleiner Schatz. Wir waren entsetzt, als unser Vater mit dem toten Baby zu uns kam.

Auf zwei Wagenbrettern bahrten wir den kleinen Leichnam auf. Da lag das lang ersehnte Geschwisterchen auf einer weißen Windel starr und totenblass auf dem rauen Holz. Wir Kinder waren verzweifelt und untröstlich, weil wir dem schrecklichen Sterben tatenlos hatten zusehen müssen. Dieses zarte, gerade entzündete Lebenslicht war jäh wieder erloschen und hatte bei uns Entsetzen ausgelöst. In unserem Schmerz gingen wir auf die Harzwiesen, pflückten Trollblumen und Primeln und schmückten damit das graue, rissige Holz. Schließlich fand ich sogar einen Schreiner, der es nicht übers Herz brachte, mich weinendes Flüchtlingskind unverrichteter Dinge wegzuschicken. Geduldig hörte er mir zu, wie ich mit tränenerstickter Stimme meine Bitte stammelte. Dann versprach er mir, einen kleinen weißen Sarg zu zimmern.

Stachow, unser Knecht, hob mit meinem Vater das Grab aus. Wir Kinder trugen den Leichnam selbst unter viel Weinen und Schluchzen auf den Gottesacker. Es war wohl die kleinste Beerdigung, der ich je beigewohnt habe. Ich verspüre heute noch den Schmerz, wenn ich in Gedanken sehe, wie der kleine weiße Sarg in die Erde hinuntergelassen wird. Die Schaufel Erde, die polternd auf den Sargdeckel fiel, ließ mich erzittern. So betteten wir das tote Kind auf dem Friedhof Braunschwende in die fremde Erde, stellten ein Holzkreuz darauf und pflanzten ein Tännchen. Ich verstand Gott nicht mehr. Erst gibt er uns das Geschwisterchen und dann nimmt er es wieder. Die Erfahrung des Todes hat mir viel Angst bereitet. Traurig nahm ich den Kinderwagen und das Körbchen und brachte es der Bauersfrau zurück, die mir die Sachen freundlicherweise ausgeliehen hatte. Dankbaren Herzens denke ich an die Menschen in Braunschwende, die mich zu trösten versuchten, mich an ihren Tisch einluden oder für meine Mutter eine Kanne Milch mitgaben. Eine Nachbarin schenkte mir sogar eine große Wurst und holte aus ihrem Garten Salat und Küchenkräuter. Das sind Erfahrungen der Liebe. Sie haben mir ungemein wohlgetan. Es gab Christen, die sich unserer Not annahmen.

In Braunschwende besuchte ich auch den Kindergottesdienst und ich weiß noch, wie mich die Geschichten von Jesus innerlich berührten. Mich erfüllte eine tiefe Sehnsucht nach Gott, wenn ich ihn auch nicht immer in seinem Handeln verstand. Wir blieben ungefähr vier Wochen in diesem Harzdörfchen. Täglich ritten wir mit unseren Pferden hinaus in den Wald, um sie zu weiden. Abends saßen wir als Familie zusammen und spielten Karten oder unterhielten uns über unsere Heimat. Am schönsten war es, wenn Vater uns Geschichten erzählte. Wenn die Bauern abends oder morgens ihre Kühe gemolken hatten, machte ich mich mit einer Milchkanne auf den Weg und bettelte. Ich kann mich nicht erinnern, dass mein Kännchen je leer blieb. Aus diesem Grund schloss sich mir mein Cousin an: »Lotte, du machst deine Sache gut, komm, nimm mich mit!«

Ein Neuanfang ist in Sicht

Nach ungefähr vier Wochen in Braunschwende hatten wir uns schon recht gut eingelebt. Auch für unsere Pferde hatten wir eine passende Unterkunft gefunden. Dann sickerte die Nachricht durch, die Länder Thüringen und Sachsen würden von den Amerikanern verlassen und von den Russen besetzt werden. Wir packten sofort unseren Wagen. Diesmal hatten wir nur ein Gespann zur Verfügung. Zwei Pferde waren uns nämlich gestohlen worden und ein Pferd hatte mein Vater verkaufen müssen. Wir waren durch den Verlust von Hab und Gut an Entbehrungen gewöhnt und haben unseren gestohlenen Pferden nicht allzu sehr nachgetrauert.

Mein Vater fuhr zur Militärregierung und holte sich die Erlaubnis zur Weiterfahrt. Ein Soldat fragte ihn, wohin denn die Reise gehen sollte. »Ja, nach Westen, immer nach Westen«, lautete seine Antwort. »Aber in welche Stadt?« In diesem Augenblick fiel ihm der Ort Bebra ein. Dorthin waren Flüchtlinge gereist und hatten ihm diesen Namen genannt. Nun stand auf unserem Passierschein »Bebra«. Aber wo lag Bebra? Wir suchten auf unserer Landkarte und waren glücklich, als wir Bebra tatsächlich in Grenznähe zu Thüringen in Hessen fanden. So brachen wir auf und verließen Braunschwende, den Ort, der uns so tiefgreifende Ereignisse, aber auch herzliche Liebe und Verständnis durch die Dorfbewohner beschert hatte. Diesmal ließen wir unseren Stachow zurück. Er hatte Vater gebeten, doch wieder nach Polen zu seiner Verlobten reisen zu dürfen. Unser polnischer Knecht hat uns sehr viel Gutes getan. Wie treu hat er unsere Pferde versorgt und gepflegt, so als wären sie seine eigenen. Von seinen Lebensmitteln, die sehr reichhaltig waren und aus deutschen Armeebeständen stammten, hat er an uns abgegeben. Es hat uns mit Wehmut erfüllt, als wir uns von ihm trennen mussten.

So fuhren wir los, unserem neuen Reiseziel entgegen. Der Juni war schon angebrochen und an den Bäumen entlang der Straße wurden die ersten Kirschen reif. Manchmal hielt mein Vater unter einem solchen Baum an und wir pflückten uns die herrlichen Früchte, das erste frische Obst. An den Straßengräben mähten wir Gras und fütterten damit unsere Pferde. Die Fahrt verlief ohne Zwischenfälle.

So gelangten wir bis nach Wanfried. Auf einem Gut machten wir Rast. In einer Scheune im Heu richteten wir unser Quartier ein. Das Wetter war sommerlich warm und wir erlebten in der Werra unsere ersten Badefreuden. Auf einem Wehr, das mit herrlich weichem Moos bewachsen war, rutschten wir hinunter. Welch ein Spaß! Fünfzig Jahre später fuhr ich zufällig wieder an diesem Wehr vorbei. Lebhaft konnte ich mich an die wunderschönen Tage in Wanfried erinnern.

Unser Reiseziel hatten wir nun fast erreicht. Wo würden wir Aufnahme finden? Wo könnte Vater arbeiten?

Er fuhr mit dem Fahrrad in der Gegend umher und auf dem Gut Mischels in Breitenbach bei Bebra wurde er fündig. Mit seinen Pferden sollte Vater helfen, das Land zu bewirtschaften. Hätte er Mutter nicht gehabt, wäre dieses Wagnis nicht gelungen. Vater hatte zwar Agrarwissenschaften studiert, aber diese Arbeiten nie praktisch auf den Feldern verrichtet. Es war eine gewaltige Herausforderung für ihn. Aber Mutter stand ihm tapfer zur Seite und gemeinsam waren sie stark. Meine Mutter zeigte ihm, wie die Pferde vor den Pflug gespannt wurden und wie die Sämaschine zu bedienen war. Sie war ständig an seiner Seite und hat neben der Versorgung der großen Familie Außerordentliches geleistet.

Die Zeit auf dem Gut in Mischels dauerte ein knappes Jahr. Es war besonders die Gutsherrin, Frau Ritter, die sich unserer Not annahm. Sie ließ ihre Beziehungen spielen und sorgte dafür, dass wir Kinder unsere ersten Mäntel erhielten. Die dunkelblauen Mantelstoffe hatte sie selbst aus der Fabrik besorgt. Frau Ritter blieb uns bis zu ihrem Tod verbunden. Sie war eine wunderbare Frau und Helfen gehörte zu ihrem Leben.

Im Jahr darauf machte sich Vater selbständig. Er gründete ein Fuhrunternehmen. Es war ein mühsamer Anfang mit vielen Entbehrungen. Vater holte mit unseren Pferden Holz aus dem Wald, schleifte Baumstämme – eine schrecklich gefährliche Arbeit –, pflügte für die Kleinbauern die Felder und half ihnen, die Ernte einzubringen. Die einzelnen Haushalte erhielten ihre Zuweisungen an Brennholz. Wurden die Holzzettel auf dem Bürgermeisteramt ausgegeben, dann musste ich mich sofort auf den Weg machen und von Haus zu Haus gehen und fragen, ob mein Vater den Leuten das Holz holen dürfe. Dies war keine leichte Aufgabe, manchmal genierte ich mich, aber wie gut, dass ich auf unserem Fluchtweg das Betteln gelernt hatte, so war mein Bemühen doch von Erfolg gekrönt. Ich war stolz, wenn ich recht viele Kunden hatte anwerben können. Ich hatte das Gefühl, Großes für meine Familie zu leisten. Das machte mich mutig. So lernte ich auch viele Menschen kennen – gute und weniger gute.

Als Vater meine Tüchtigkeit erkannte, wies er mir eine andere, noch schwierigere Aufgabe zu. Ich musste von sogenannten »faulen Kunden« das Geld eintreiben. Dies war ein sehr unliebsames Unterfangen. Manchmal musste ich zwei- oder dreimal bei solch zögerlichen Zahlern aufkreuzen, bis ich die paar Mark, die sie uns schuldeten, in der Tasche hatte. Aber ich ließ nicht locker, wir wollten doch überleben.

Bald schon nach dem Zusammenbruch Deutschlands wurden auch wieder die Schulen geöffnet. Ich besuchte den Unterricht bei Lehrer Blättner. Er war klein von Statur und hatte weißgraues Haar. Ich hatte bei ihm das Gefühl, überhaupt nicht beachtet zu werden. Wir waren ja als Flüchtlingskinder neu in der Klasse und besaßen auch keine Bücher, Hefte oder Schulranzen. Es war eine schrecklich arme Zeit. Einzelne leere Blätter waren mein ganzes Schulmaterial. Obwohl ich früher eine sehr eifrige Schülerin gewesen war und für mich feststand: »Ich werde einmal Lehrerin«, verlor ich nun alle Lust am Lernen. Aber das änderte sich mit einem Schlag. Wir sollten das Gedicht »Der Knabe im Moor« von Annette von Droste-Hülshoff lernen und aufsagen. Ein Schüler nach dem anderen kam an die Reihe, aber über ein Stottern und Stammeln kamen sie nicht hinaus. Schließlich wurde auch ich in der letzten Reihe aufgerufen. Gedichte habe ich von jeher gern auswendig gelernt und so konnte ich alle Strophen fehlerfrei aufsagen. Mein Vater hatte zudem mit mir noch die Betonung und die Klangmalerei eingeübt. So begann ich laut und deutlich:

O, schaurig ist's, übers Moor zu gehn,
wenn es wimmelt vom Heiderauche,
sich wie Phantome die Dünste drehn
und die Ranke häkelt am Strauche,
unter jedem Tritte ein Quellchen springt,
wenn aus der Spalte es zischt und singt,
o, schaurig ist's übers Moor zu gehn,
wenn das Röhricht knistert im Hauche!

Plötzlich horchte der Lehrer auf. Die Art des Vortrags gefiel ihm. Von nun an gehörte ich auch zu den Guten in der Klasse und wurde gelobt. Von der hintersten Reihe wurde ich nach vorne versetzt. So gewann ich die Lust am Lernen wieder. Noch heute liebe ich das Gedicht »Der Knabe im Moor«. Für mich war dies ein großartiges Erfolgserlebnis.

Christen nehmen uns in ihrem Haus auf

Den Gutshof Mischels hatten wir verlassen und waren nach Breitenbach gezogen. Opa Becker nahm uns in seinem Haus auf. Weit öffnete er seine Tür, gab uns eine große Küche und eine Kammer dazu. Später richtete er noch im ersten Stock ein kleines Zimmer für uns ein. Freundlich wurden wir von ihm und der Familie seines Sohnes empfangen und auch sogleich in die Bibelstunde eingeladen, die jeden Donnerstagabend in seiner Wohnung stattfand. Es war Gottes wunderbare Führung, dass wir gerade in dieses Haus kamen. Der Weg zum Evangelium war uns nun gebahnt. Opa Becker, sein Sohn und auch seine Schwiegertochter waren wunderbare Menschen. Sie haben an uns viel Gutes getan. Wenn sie ein Schwein schlachteten, dann durften wir uns Fleischbrühe holen und meist schwamm darin noch ein großes Stück Fleisch. Manchmal bekamen wir Milch geschenkt oder eine rote Wurst. Wie oft stellte Opa Becker ein Schüsselchen mit Kochkäse auf unseren Küchentisch oder Gemüse aus dem Garten. Sogar für unsere Pferde schuf er Platz in seinem Stall. Opa Becker war von Beruf Stellmacher. Als Vater mit dem Holzfahren begann, hat er ihm die Leitern für seinen Wagen gezimmert. In einer Zeit, in der es nichts zu kaufen gab, war dies eine ungeheuer große Tat.

Manchmal rief uns Opa Becker in seine Küche: »Kinder, heute gibt es Zwetschgenkuchen!« Das ließen wir uns nicht zweimal sagen und setzten uns schnell an den Tisch. Wir lernten ihn lieben wie unseren eigenen Großvater, der so weit weg wohnte.

Und dann kam Weihnachten 1945. Es war das ärmlichste Fest, das ich je in meiner Familie gefeiert habe. Wir hatten keine Geschenke, keine Plätzchen, keinen Tannenschmuck. Mein Vater hatte aus dem Wald ein kleines Tannenbäumchen mitgebracht und auf den Küchentisch gestellt. Statt Lametta und glitzernden Kugeln lagen die Fotos von unseren Lieben, die im Krieg gefallen waren oder vermisst wurden, um den Christbaum. Wir standen in einem Kreis versammelt und sangen unsere alten Weihnachtslieder, so wie wir sie in Bessarabien auch gesungen hatten: »Süßer die Glocken nie klingen als zu der Weihnachtszeit«. Meiner Mutter liefen die Tränen über die Wangen, wenn sie an ihr Kind dachte, das sie hatte sterben sehen. Eine große Traurigkeit legte sich auf uns. Plötzlich klopfte es an die Tür. Opa Becker stand vor uns: »Heute ist Weihnachten und wir haben allen Grund, uns zu freuen. Christus ist geboren! Ich lade euch alle ein, mit uns bei meinem Sohn im Nachbarort zu feiern.« Bei uns gab es ein großes Hallo. Schnell zogen wir uns an und dann hüpften und sprangen wir über die Wiesen nach Weiterode. Dort wurden wir von Christen empfangen, als wären wir die allerliebsten Gäste. Auf dem Tisch standen lauter herrliche Leckerbissen: Schinken, Wurst, Käse, Kuchen und Plätzchen. Dann sangen wir die alten Weihnachtslieder

– nun voller Freude. Der Sohn von Opa Becker las die Weihnachtsgeschichte und hielt eine kurze Andacht. Dann betete er noch mit uns. Unsere Freude kannte keine Grenzen. Erst sehr spät kamen wir nach Hause und waren glücklich, weil Christen mit uns Weihnachten gefeiert hatten. So hat Gott uns immer wieder Menschen in den Weg gestellt, die uns viel Gutes und Liebes getan haben.

Zu ihnen gehörte auch das Pfarrerehepaar Scheffer. Wie hat es sich bemüht, uns mit dem Allernotwendigsten zu versorgen. Wir waren ja so arm wie eine Kirchenmaus. Im Sommer verdiente mein Vater etwas Geld mit Holzfahren, fünf Mark pro Raummeter. Auf seinen Wagen konnte er aber nur anderthalb Raummeter aufladen. Es lässt sich sehr leicht ausrechnen, wie gering der Verdienst war. Das Holzfahren war ein höchst schwieriges und zudem gefährliches Unternehmen. Oft mussten wir Kinder, als wir herangewachsen waren, mit Hand anlegen. Querfeldein ging die Fahrt über Stock und Stein durch den Wald. Die Wege waren mit tiefen Schlaglöchern übersät. Meist musste ich das Bremsen übernehmen. So lief ich hinter dem Wagen her und drehte die Bremsen auf und zu. Dabei musste ich aufpassen, dass ich nicht stolperte und hinfiel. War ich unten am Berg angelangt, dann hatte ich oft Tränen in den Augen, weil mir die Angst so stark zu schaffen machte. Wurden die Wege besser, dann durfte ich vorne neben Vater aufsitzen. Wieder hat er Geschichten erzählt, wahre, spannende Geschichten. Er war wirklich ein Meister darin. Manchmal fuhren wir ein oder zwei Stunden durch den herrlichen Wald und ich lauschte seinen Erzählungen. Kein Kind hätte glücklicher sein können als ich. So war es für mich oft sehr anstrengend, mit Vater zu arbeiten, aber auch herrlich zugleich. War er am Ende einer Geschichte angekommen, dann plapperte ich gleich los: »Papa, erzähl weiter, immer weiter!« Ich war ganz stolz auf meinen Vater, auch wenn er in dieser Zeit als armer Flüchtling von anderen wenig geachtet wurde. Von dem geringen Erlös durch das Holzfahren musste noch der Tierarzt bezahlt werden, wenn unsere Pferde krank wurden, oder auch eine Reparatur des Geschirrs oder des Wagens. Was die Pferde im Sommer verdienten, fraßen sie im Winter mit dem Hafer und Heu, das wir kaufen mussten, wieder auf.

Wir litten auch Hunger und als Pausenbrot konnte ich manchmal nur zwei kleine Pellkartoffeln im Ranzen finden. Diese Geldnot hat mir schwer zu schaffen gemacht und ich musste manchmal auch betteln gehen. Wir waren nicht krankenversichert und unsere Ärztin hatte Mutter eine Medizin verschrieben, die sie dringend brauchte. An vier Türen klopfte ich vergeblich an und erst an der fünften lieh mir Frau Schade fünf Mark. Ich lief, so schnell ich konnte, nach Bebra in die Apotheke und besorgte die Arznei. Ich fühlte mich als Lebensretter, als ich meiner Mutter die Tropfen bringen konnte.

Alle diese notvollen Erfahrungen haben mich lebenstüchtig gemacht. Früh lernte ich, Verantwortung für meine Familie zu übernehmen. Jeder in der Sippe musste dazu beitragen, dass wir überlebten.

An den langen Winterabenden wurde Sirup aus Zuckerrüben gekocht. Wir waren glücklich, wenn Vater irgendwo einen Zentner Rüben erstehen konnte. Dann saßen wir alle in einer großen Runde in der Küche, putzten und wuschen die Rüben und kochten sie in einem großen Kessel im Keller. Ich wurde losgeschickt, um eine Presse bei den Bauern auszuleihen. Stolz schleppte ich die Saftpresse auf einem Handwagen herbei. »Meine Lotte schafft's!«, lobte mich mein Vater. Bis spät in die Nacht wurde dann aus dem ausgepressten Saft Sirup gekocht.

Lustig war auch immer am Samstag das Baden. Quer durchs Zimmer spannte meine Mutter dann eine Leine und hängte eine Decke darüber. Auf dem Kohleherd dampfte das Wasser in mehreren Töpfen. Einer nach dem anderen stieg in die ausgeliehene Zinkwanne. Wer sein Bad genommen hatte, saß bei Vater auf dem Bett. Bei unserem Pfarrer Scheffer durften wir uns aus seiner großen Bibliothek jede Woche einige Bücher ausleihen. Dann hockten wir dicht gedrängt in der Küche und lasen Schillers oder Goethes Dramen in verteilten Rollen. Dabei achtete Vater darauf, dass wir den Text gut betonten, und so habe ich sehr früh das Deklamieren gelernt. Wunderbare Stunden verlebten wir mit »Don Carlos«, mit Goethes »Egmont«, und wenn ich an das Drama »Stella« denke, dann empfinde ich noch heute die Tränen, die mir damals über die Wangen rollten.

Nicht immer habe ich die Tragödien ganz verstanden, aber in den Gesprächen, die folgten, wurden mir die Stücke doch erschlossen. Ich habe beim Lesen viel Freude erfahren und wahrscheinlich rührt aus dieser Zeit meine Liebe zum Buch.

Im Pfarrhaus durften wir uns einmal auch gebrauchte Kleidungsstücke holen. Sie stammten aus einer Spende aus Amerika. Leider war für mich nichts Passendes dabei, aber meine Mutter und auch meine älteste Schwester fanden herrliche Kostüme, Röcke und Blusen. Als Alide dann noch ein paar braune Pumps ergatterte und damit stolz wie ein Model durchs Zimmer lief, zählte sie von diesem Zeitpunkt an zu den Erwachsenen.

Kurz nach Kriegsende trafen auch die ersten Carepakete aus Amerika in Deutschland ein. Hier und da kamen Leute in den Genuss von Köstlichkeiten, von denen der Normalsterbliche nur träumen konnte. Auch meine Tante Anna erhielt jeden Monat von ihrem Bruder ein solches Paket. Wir hatten leider keine Verwandten über dem Ozean und gingen leer aus. Es machte mich richtig traurig, wenn Tante Anna voller Freude erzählte: »Heute hat uns der Briefträger wieder ein Carepaket gebracht.« Manchmal lud sie uns auch zu einer Kostprobe ihrer vielen Leckerbissen ein.

Es gab einen Tag, den werde ich mein Leben lang nicht vergessen. »Herr Hannemann, auf der Post liegt ein Paket für Sie. Es war zu groß, als dass ich es Ihnen hätte ausliefern können. Holen Sie es bitte selbst ab!« Zweimal ließen wir uns dies vom Postboten nicht sagen. Wir rannten alle mit Vater um die Wette. »Ein Paket, ein Paket aus Amerika ist da«, riefen wir fast allen Vorübergehenden zu. »Wer könnte uns bedacht haben?«, rätselten wir. Und dann nahmen wir es auf der Post entgegen. Es war wirklich groß, riesengroß. Aber für uns hätte es gar nicht groß genug sein können. Wir Kinder fassten alle mit an und vereint trugen wir es nach Hause. Wir sprangen, hüpften, jubelten und drängten auf schnellstem Weg zur Mutter, die daheim auf uns wartete. Mit einem scharfen Messer schnitt Vater die Stricke durch und löste das Packpapier. Wir standen dicht um ihn herum, als er den Karton öffnete, und waren wie verzaubert, als der Inhalt zum Vorschein kam, und staunten mächtig. Ehe wir aber die einzelnen Geschenke auspackten, stimmte Vater ein Lied an und wir alle sangen: »Nun danket alle Gott mit Herzen, Mund und Händen.« Nie werde ich das Glücksgefühl vergessen, das ich beim Singen empfand. Vor uns lag ein Paket aus Amerika und wir wussten noch nicht einmal, wer uns diese Wohltat hatte zukommen lassen. Später erfuhren wir, dass ein weitläufiger Verwandter meiner Mutter aus Alberta in Kanada unsere Adresse ausfindig gemacht hatte. Ach, was packten wir da alles aus! Dosen mit Schmalz – Fett war damals heiß begehrt –, Wurst, Schokolade, Zucker, Kakao, eine große Tüte mit Bonbons, warme Kleider, Schuhe, Erdnussbutter und noch vieles mehr. Mich freute vor allen anderen Dingen, dass an der Seite ein kleines Handtäschchen steckte, das mit Pralinen gefüllt war. So etwas Feines hatte ich noch nie gesehen, geschweige denn gegessen. In uns stieg Dankbarkeit auf und wir lebten in dem Bewusstsein: Gott hat uns nicht vergessen. Meiner Mutter standen Tränen in den Augen.

Wunderschön waren die Sommermonate. Ganze Scharen von Männern, Frauen und Kindern machten sich auf den Weg, um im Wald nach Heidelbeeren und Himbeeren zu suchen. Morgens früh gegen halb sechs war Abmarsch. Mit unseren Bechern, Milchkannen und Eimern rückten wir aus. Am Spätnachmittag kehrten wir mit unseren vollen Gefäßen nach Hause zurück. Dann wurden die Beeren verlesen, gewaschen und zu Marmelade und Kompott verarbeitet. Ich hatte das besondere Glück, dass mir eine Ärztin die Beeren abkaufte und auch gut bezahlte. Vierzig bis sechzig Pfennige bekam ich fürs Pfund. Das war mein erstverdientes Geld, das in unsere gemeinsame Haushaltskasse floss. Mein Eifer war damit angestachelt worden, dass ich für meine Familie Großes leistete. Einmal durfte ich auch den Tageserlös behalten und fuhr damit auf eine christliche Jugendtagung vom EC, was bedeutet: Entschieden für Christus. Aber das war einige Jahre später, als schon die D-Mark eingeführt war.

Im Herbst zogen wir wieder in die Wälder und sammelten Bucheckern. Wir konnten sie abliefern und dafür Öl eintauschen. Ich war vom Glück begleitet und entdeckte oft Bäume mit besonders großen Eckern. So füllten sich meine Gefäße schnell.

Ich war immer ein sehr schwaches Kind und litt an

Unterernährung und Blutarmut. Deshalb wurde ich zum Arzt geschickt und bekam eine Sonderzuteilung an Essensmarken: Butter, Milch, Fleisch und Haferflocken. Der Amtsarzt in Rotenburg musste mich auch noch begutachten. Jedes Vierteljahr wiederholte sich mein Gang zu den Ärzten. Es gab Zeiten, da ich mich kaum auf den Beinen halten konnte, so schwach war ich. Dann legte ich mich ins Bett und brachte viele Stunden mit Lesen zu. Ich kann nicht sagen, dass ich darüber traurig gewesen wäre. Ich lebte in der Welt von Heidi und Pucki und in den Werken von Erich Kästner. Später vertiefte ich mich in die Romane von Ganghofer und Gulbranson. Ich habe diese Bücher regelrecht verschlungen und dabei geweint und gelacht, gerade so, wie das Leben spielte. Im Sommer ging es mir immer besser. Da verspürte ich keine rheumatischen Schmerzen in der Hüfte und litt auch nicht an langwierigen Erkältungen. Halsentzündungen hasste ich. Mit einem besonderen Hausmittel wurde ich kuriert. Ich musste mit einem Strumpf heißer Kartoffeln um den Hals im Bett liegen. Half diese Prozedur nicht, dann pinselte mir Vater mit einer Jodlösung den Hals aus. Für mich kam diese Rosskur einer Folter gleich. Aber sie hat geholfen. Nahte im Juni die Heuernte, dann gingen wir zu den Bauern auf die Wiesen. Auch beim Rübenhacken und Verziehen der Pflänzchen half ich mit. Dafür erhielten wir von der Bäuerin herrlichen Schmandkuchen mit Kirschen.

Meine Hinwendung zu Christus

Mein einschneidendstes Erlebnis in meinem Dasein war meine Bekehrung zu Christus, obwohl ich diesen Begriff noch gar nicht kannte. Opa Becker lud mich zu einer christlichen Freizeit ein. Begeistert ging ich dorthin, bedeutete dies doch für mich eine willkommene Abwechslung und Unterbrechung meines sonst oft öden Daseins. Ich hatte mir vorgestellt, dass wir mit anderen jungen Leuten Wanderungen unternähmen, Probleme diskutieren und Kontakte knüpfen würden. Und nun war ich in einen Kreis von jungen Menschen geraten, die sich fast den ganzen Tag mit der Bibel beschäftigten: morgens Gebetsgemeinschaft, anschließend Andacht, dann Bibelarbeit, nachmittags die Betrachtung der Biografie eines Frommen oder Missionsberichte und abends eine Evangelisationsveranstaltung.

Ich dachte, das kann doch nicht wahr sein, dass junge Leute fast ausschließlich die Bibel lesen und sich damit auseinandersetzen. Das mag etwas für alte Leute sein, aber doch nicht für einen Menschen wie mich!

Ich wäre nach dem dritten Tag am liebsten abgereist, wenn ich nicht bei einer so netten, liebenswürdigen Witwe untergebracht worden wäre. Als sie bemerkte, dass ich gar kein Nachthemd besaß, steckte sie mich in ein Unterhemd ihres im Krieg gefallenen Mannes, das mir bis zu den Knien reichte. Vor dem Schlafengehen kochte sie mir immer noch ein Glas Tee und stellte mir leckere Weihnachtsplätzchen hin. Zum Frühstück holte sie aus ihrer Speisekammer rote Wurst und Schinken. Für mich waren dies köstliche Delikatessen. Aber ich war doch unglücklich in jenen Tagen, bis ich entdeckte, dass diese jungen Menschen etwas hatten, was mir fehlte, die Geborgenheit in Gott. In mir brach ein Sehnen nach Gott auf. Als dann einmal das Lied »Wir sind ein Volk vom Strom der Zeit« mit dem Refrain »Es ist das Kreuz auf Golgatha, Heimat für Heimatlose« gesungen wurde, da zog es mich mit aller Macht hin zu Gott.

Es war eine entscheidende Stunde in meinem Leben, als ich mit einem Verkündiger des Evangeliums sprach und er mir das Wort aus Hosea 2,21 mit auf den Weg gab: »Ich will mich mit dir verloben in Ewigkeit; ich will mich mit dir verloben in Gerechtigkeit und Gericht, in Gnade und Barmherzigkeit will ich mich mit dir verloben und du wirst den Herrn erkennen.«

Am Bild der Ehe machte er mir deutlich, dass Gott an meinem Leben ein großes Interesse hat. Er schließt mit mir einen Bund, der von seiner Seite aus nie gebrochen wird. Auch wenn ich untreu werde, bleibt Gott treu und bringt mich an sein Ziel.

Dieses Wort ist in all den Jahren mit mir gegangen. Das war der Beginn von Gottes machtvollem Eingreifen in mein kümmerliches Dasein. Ich war noch immer das arme Flüchtlingskind, oft nicht recht geachtet, aber in Gottes Augen war ich wertvoll und von ihm geliebt.

Ich wusste mich von ihm angenommen. Das hat mich sehr glücklich und innerlich zufrieden gemacht. Gott war für mich wie ein Fels in der Brandung. Zu ihm habe ich meine Zuflucht genommen und war in der Strahlkraft seiner Liebe geborgen. Wie gerne stimmte ich nun das Lied an: »Es ist das Kreuz auf Golgatha, Heimat für Heimatlose.« Manchmal muss man erst heimatlos geworden sein, um recht einschätzen zu können, was es bedeutet, bei Gott Heimat zu haben.

Diese Erfahrung der Liebe Jesu Christi hat mich in meinem Innersten verändert. So ist mir seitdem das Kreuz Jesu Christi der liebste Ort, weil der Gottessohn sein Leben für mich ließ.

Im Mai 1950 fand in Bad Hersfeld eine Gemeinschaftskonferenz statt. Unser Jugendbund fuhr mit Rädern dorthin. In der Kirche wurde Gottesdienst mit anschließendem Abendmahl gefeiert. Ich saß auf einer der letzten Bänke und wollte die Kirche schon wieder vor dem Abendmahl verlassen. Meine Freundin Renate hielt mich zurück. »Bleib doch, Lotte!«, bat sie mich. »Aber ich habe doch kein schwarzes Kleid an«, wandte ich ein. »Das spielt doch keine Rolle. Du kannst auch im bunten Sommerkleid Brot und Wein vom Tisch des Herrn nehmen.« So blieb ich sitzen und erlebte die schönste Stunde meines Lebens.

Ich verließ die Kirche mit der Gewissheit: In Jesus Christus habe ich tiefen Frieden, ja ich verspürte seine beglückende Nähe. Ich wollte in diesem entscheidenden Erleben mit meinem Herrn allein sein und ihm danken für seine große Erlösungstat. Im Grunde ist die Liebe Christi nie auszuloten. Immer wenn ich von seinen Taten höre, gewinne ich den Eindruck: Das Wichtigste ist noch gar nicht gesagt. Es machte mich zutiefst dankbar, diese Begegnung mit Jesus erfahren zu haben. Sie hat sich nicht unter dem Beifall der Menschen vollzogen, sondern ganz insgeheim in der Stille, wo ich Auge in Auge mit meinem Herrn allein war.

Fortan begann ich meinen Tag am Morgen mit einem Lied und mit einem Abschnitt aus der Bibel. Ich wollte diese innigste Gemeinschaft mit Christus pflegen und wie einen großen Schatz hüten. Ich war auch bereit, Gott zu dienen und ihm meine Zeit, meine Gaben, meine Liebe zur Verfügung zu stellen.

Dazu fand ich bald reichlich Gelegenheit.

Martin in der Zeltmission

Ich selbst war ja durch die Begegnung mit Christus so glücklich geworden, wie hätte ich da nicht auch andere zu diesem Glück führen sollen? In mir regte sich das Verlangen, missionarisch aktiv zu werden. Dazu ergab sich bald eine Gelegenheit. In Bebra fand eine Zeltmission statt. Treppauf und treppab lief ich, um Menschen einzuladen. Auch auf der Straße verteilte ich Einladungen. Ich war davon überzeugt, dass ich die Menschen mit der besten Botschaft, die es auf Erden gibt, erreichen könnte, und das nahm mir die Scheu. Ich wurde mutig. Vor allen Dingen wollte ich meine Klassenkameraden für Jesus gewinnen. Aber da stieß ich auf große Hindernisse und Ablehnung. Ich wollte schon traurig die Flügel hängen lassen. Aber dann sagte ich mir: Ich starte noch einen Anlauf und versuche, die Bewohner von Breitenbach ins Zelt zu führen. Ich ging von Haus zu Haus und das fiel mir schwerer, denn hier kannten mich die Leute. Aber ich war Gott gehorsam. Es war mir wichtig, die Menschen von der großartigen Möglichkeit zu informieren, wie sie durch das Evangelium mit Jesus leben könnten.

So kam ich auf meinem Weg auch zu Martin. Er mistete gerade den Kuhstall aus und gab seinen Rindviechern Futter. »Martin, komm doch mit ins Zelt«, bettelte ich. Er aber wollte sich nicht darauf einlassen. So drängte ich weiter und blieb einfach im Stall stehen. Nach einer Viertelstunde gab er nach: »Lotte, das will ich dir sagen: Ich gehe einmal mit, aber nur, um dir einen Gefallen zu tun. Danach lass mich aber bitte in Ruhe! Du weißt, ich kann mit dem frommen Zeug nichts anfangen.« Ich hatte zunächst mein Ziel erreicht. Martin war Junggeselle und arbeitete bei einem der größten Bauern. Noch am selben Abend holte er mich mit seinem Fahrrad ein – ich lief zu Fuß –, stieg von seinem Drahtesel ab und ging neben mir her. Mir war seine Begleitung peinlich. Ich war gerade 16 oder 17 und er vielleicht schon über 30. Ich hatte Angst, ins Gerede der Leute zu kommen, wenn ich so mit ihm gesehen würde. Auf dem Rückweg war ich über seine Begleitung allerdings froh, da ich im Dunkeln nicht allein war. Aber am helllichten Tage ...

Für Martin wurde gleich der erste Abend zum Anstoß, mit Jesus zu leben. Es kam zu diesem denkwürdigen Ereignis. Martin hörte die Botschaft von Jesus, folgte seinem Ruf in die Nachfolge und wurde Christ. Keiner war glücklicher als ich. Dieser landwirtschaftliche Arbeiter war der Erste in einer langen Reihe von Menschen, die ich mit Christus bekannt machen durfte. Erste Früchte im Dienstauftrag des Herrn sind immer besonders wertvolle, kostbare Früchte und eine starke Ermutigung.

Zu meinen Mitschülern gewann ich ein immer besseres Verhältnis. Auf Klassenfahrten hatten wir viel Zeit, um miteinander zu reden. Ich spürte zwar, dass ich wegen meines Christseins nicht immer verstanden wurde, aber sie achteten mich doch in meiner Beziehung zu Gott. »Eigentlich bist du zu beneiden«, gaben sie mir zu verstehen, aber ich blieb eine Außenseiterin in der Klassengemeinschaft, weil ich meine Freizeit wegen der unterschiedlichen Interessen nicht mit ihnen teilen konnte. Kino, Kirmes und Klassenball waren nicht meine Welt. Ich hatte stattdessen zwei erblindete Freundinnen, um die ich mich kümmerte. Das kostete mich viel Zeit. Aber meine Fröhlichkeit, Entschiedenheit und mein Gottvertrauen verliehen mir doch eine positive Ausstrahlung. Morgens zum Unterrichtsbeginn sprach ich immer ein Gebet. Vor allen Dingen beim Abitur ermutigten sie mich: »Lotte, bete für uns!« An diesem Morgen sprach ich das Gebet von Bonhoeffer:

Von guten Mächten wunderbar geborgen
erwarten wir getrost, was kommen mag.
Gott ist mit uns am Abend und am Morgen
und ganz gewiss an jedem neuen Tag. Amen.

In meinem mündlichen Abitur wurde ich in Französisch und Musik geprüft. Ich hatte mich gut vorbereitet und war überglücklich, als ich mein Reifezeugnis in den Händen hielt.

Sogar meine Mutter war stolz auf mich, als unsere Namen in der Zeitung abgedruckt wurden. Für sie war es nämlich schwer, dass ich so lange die Schulbank gedrückt hatte. Sie hätte es manchmal lieber gesehen, wenn ich ihr mehr beim Holzfahren und in der Landwirtschaft geholfen hätte. Aus ihrer Sicht war dies verständlich, denn sie hat sich schrecklich im Wald und auf dem Acker abplagen müssen.

Nun stand meine Berufswahl an. Gott wollte ich dienen, das war mein Verlangen. Deshalb entschied ich mich für ein Studium der Theologie – und Marburg wurde mein Studienort. Aber zunächst brauchte ich ein Zimmer. 1955 war der Wohnraum knapp bemessen. Wie sollte ich da zu einer Studentenbude kommen? Billig sollte sie außerdem noch sein. In Marburg kannte ich keinen Menschen, an den ich mich hätte wenden können. Aber ich wusste, dass es eine Stadtmission gab. Ich betete zu Gott, sagte ihm mein Anliegen und dann schickte ich eine Postkarte an diese Gemeinde.

Drei Wochen später erhielt ich die Antwort. Ein älteres Ehepaar war bereit, mich unter seinem Dach aufzunehmen. Ich fuhr nach Marburg und suchte den Bienenweg 12. Nun stand ich vor dem großen, herrlichen Haus, das inmitten eines blühenden Gartens lag. Mir war so bang zumute. Nie, nie würde ich die Miete für ein Zimmer in solch herrlicher Wohnlage bezahlen können. Mein Vater konnte mir nur fünfzig Mark pro Monat geben. Nein, dieses Zimmer würde ich nicht mieten können. Ich klingelte und stand ganz zaghaft an der Tür. Herr und Frau Kniese merkten wohl meine Angst und begrüßten mich besonders herzlich. Ja, sie wollten mich in ihrem Haus aufnehmen. Ihre Tochter habe Marburg verlassen und sei nach Stuttgart gezogen. Eigentlich hätten sie nicht vorgehabt, dieses Zimmer zu vermieten. Aber nach jedem Gottesdienst habe der Prediger eine Ansage gemacht: Gläubige Theologiestudentin sucht ein preiswertes Zimmer. »Beim dritten Mal«, fuhr Frau Kniese fort, »schubste ich meinen Mann an und flüsterte ihm zu: ›Lass uns doch das Mädchen bei uns aufnehmen.‹ Sie sind uns wirklich herzlich willkommen!«

Auf meine Frage, was ich denn zahlen müsste, verlangten sie dreißig Mark. Ja, diesen Betrag konnte ich aufbringen. Dann blieben mir noch zwanzig Mark für die Mensa. Erbsensuppe und Reis waren damals das billigste Essen und kosteten fünfzig Pfennige. Morgens und abends würde ich mich selbst versorgen, denn von zu Hause hatte ich einen ganzen Karton voll Lebensmittel mitgebracht: Eier, Speck, Wurst und Mehl.

Zum ersten Mal in meinem Leben würde ich ein eigenes Zimmer haben. Es war mit einem Bett, Schrank, Tisch, Stuhl und einer Kommode ausgestattet. Am Kopfende meiner Schlafstatt war ein Lämpchen angebracht. Ich kann gar nicht sagen, wie glücklich ich war. Ein Zimmer für mich ganz allein. Ich verstaute meine wenigen Sachen

– wir lebten ja noch immer in großer Armut. Frau Kniese stand dabei, schubste wieder ihren Mann an und gab ihm ein Zeichen. »Fräulein Hannemann, zwanzig Mark für die Miete sind uns genug.« Nur zwanzig Mark sollte ich für diese herrliche Studentenbehausung zahlen?

Ich hatte in dieser Familie wunderbare Christen gefunden. Sie nahmen mich auf, als wäre ich ihr eigenes Kind. Gott meinte es unwahrscheinlich gut mit mir. Am Sonntag wurde ich immer zum Mittagessen eingeladen und durfte noch eine Freundin mitbringen. Frau Kniese kochte so gut und reichlich, dass sie das Mittagsmahl damit abschloss: »Nicht wahr, Fräulein Hannemann, Sie nehmen sich der Reste an.« So blieb mir noch meist für zwei Tage ein leckeres Essen im Kühlschrank. Wie oft fand ich, wenn ich nachmittags oder abends müde nach Hause kam, ein Schälchen mit Erdbeeren oder Pudding oder eine Flasche Saft auf meinem Tisch.

Zum ersten Mal kam ich auch in den Genuss eines richtigen Badezimmers. Dass Menschen mit mir ihr Bad teilten, hat mich schon verwundert. Zunächst wollte ich diese Freundlichkeit gar nicht annehmen und wies darauf hin, dass ich mit meiner Waschschüssel zufrieden sei. Aber Frau Kniese bestand darauf, dass ich vom Bad Gebrauch machte. Ich war so sparsam mit dem warmen Wasser, dass mir der Hauswirt am nächsten Samstag persönlich das Wasser in die Wanne einlaufen ließ. Nein, knauserig brauchte ich nicht mit dem Nass umzugehen.

Fuhren meine Vermieter in den Urlaub, dann fand ich auf meinem Tisch einen Zettel: »Bitte, Fräulein Hannemann, essen Sie die Reste in der Speisekammer und im Kühlschrank auf. Es wäre schade, wenn sie verdürben.« Ich gewann den Eindruck, dass so manche Köstlichkeit extra für mich eingekauft worden war. Mir ist es nie besser gegangen als zu dieser Zeit. Diese beiden alt gewordenen Christen waren wunderbare Menschen.

Kam ich abends vom Seminar oder von einer Veranstaltung der Studentenmission nach Hause, dann durfte ich immer noch einmal zu ihnen ins Wohnzimmer reinschauen. Es hat mir gut getan, dass sie sich danach erkundigten, wie es mir denn heute ergangen sei. Meine Prüfungstermine waren ihnen bekannt und ich war ihnen dankbar, wenn sie für mich beteten. Es war schon fast zur Normalität geworden, dass wir abends vor dem Schlafengehen noch ein Kapitel in der Bibel lasen und miteinander durch das Reden mit Gott den Tag beschlossen. In herzlicher Dankbarkeit erinnere ich mich an meine ersten Hauseltern und Vermieter.

Natürlich versuchte ich mich dankbar zu erzeigen. So fütterte ich oft ihre Hühner, pflückte die Beeren und säuberte die Gartenbeete. Ich war ja in einer kleinen landwirtschaftlichen Nebenerwerbsstelle groß geworden und mir waren solche Arbeiten gut bekannt und zudem machten sie mir Spaß.

Knieses wurden mir zu guten Freunden und ich konnte ihnen alles anvertrauen. Als ich mich in einen Studenten verliebte, waren sie die Ersten, die davon erfuhren. Ich fühlte mich nie allein gelassen und blieb so vor Heimweh bewahrt.

Die Studentenmission

In Marburg schloss ich mich der Studentenmission an. Es war Dr. Laubach, der mich in meine neue Aufgabe einwies. Er war damals Reisesekretär und besuchte die einzelnen Gruppen an den Universitäten. An einem Wochenende nahm er mich nach der Bibelarbeit beiseite: »Fräulein Hannemann, Sie sind für die jungen Mädchen in diesem Kreis verantwortlich. Noch sind es sehr wenige, aber vor Ihnen liegt ein großes Aufgabenfeld. Sie kennen Jesus, nehmen Sie sich der Studentinnen an. Laden Sie sie in die Veranstaltungen ein, damit sie das Wort von Gott hören können. Sprechen Sie mit ihnen über den Glauben an Jesus, und wenn sie Christ geworden sind, dann lesen Sie täglich mit ihnen einen Abschnitt aus dem Johannesevangelium. Unser Auftrag von Gott ist, die studentische Jugend zu Christus zu führen. Sie werden nämlich später wichtige Positionen in Staat und Gesellschaft einnehmen. Es ist unser Auftrag von Jesus, dass Menschen mit Gott versöhnt leben können und in den Himmel kommen.«

Dies war eine klare und dringliche Anweisung. Ich habe diesen Rat befolgt und war erstaunt, wie wunderbar er in Erfüllung ging.

Morgens von sieben bis acht Uhr fand die Griechischvorlesung statt. Neben mir saß eine Theologiestudentin aus der Lüneburger Heide. Sie litt schrecklich unter

Heimweh. Wir freundeten uns an, besuchten sonntags den Gottesdienst in der Stadtmission und gingen anschließend zu Knieses zum Mittagessen.

Einmal wagten wir in unserer Gruppe einen besonderen missionarischen Vorstoß. Wir luden Pfarrer Erich Schnepel aus Großalmerode zu einem Vortrag ein. Meinen Zehnten, das war der zehnte Teil meines Studiengeldes, hatte ich mir über einige Monate aufgespart und gab ihn bereitwillig, damit wir einen Hörsaal mieten konnten. Die Botschaft des Evangeliums erreichte auch meine Freundin. Sie hörte den Ruf Jesu und ging in die Sprechstunde von Pfarrer Schnepel, der im Kurhotel untergebracht war. Ich war wohl der glücklichste Mensch, als Traute ihre Entscheidung für Christus traf. Nach ihrem Studium wurde Traute Pfarrerin in Norddeutschland. Gott hatte überraschend schnell auf mein Beten geantwortet. Das gab mir Mut, für weitere Studentinnen zu beten und auch im zweiten Semester ereignete sich das Bekehrungswunder, als ich eine Studentin für Alte Sprachen zu einer Freizeit einlud und auch sie zum Glauben an Jesus kam. Ich war immer sehr eifrig im Einladen und gewann den Eindruck, dass einige fast Angst vor meinem missionarischen Tun bekamen. Sicher habe ich auch Fehler gemacht und vielleicht war ich manchmal zu impulsiv. Später wurde ich behutsamer, aber die Freude, Menschen für Jesus zu gewinnen, habe ich mir bis ins hohe Alter bewahrt. Wer der Glut des Evangeliums nahegekommen ist, muss davon reden, dass Jesus neues Leben schenken will.

Der Partner fürs Leben

In mein erstes Semester fiel ein Ereignis, das mein Leben in eine andere Bahn lenkte. Davon könnte ich immer wieder erzählen, weil es mich so froh gemacht hat. Ich erinnere mich noch, als wäre es heute gewesen. Es war ein sonniger, schöner Tag im Mai. Vor der Universität stand eine alte große Linde, um ihren Stamm war eine Bank gebaut. Auf ihr hatte ich es mir bequem gemacht und versuchte, einige Verse aus dem Buch Josua vom Hebräischen ins Deutsche zu übersetzen. Es war eine mühevolle Plagerei. Die Sätze wollten sich einfach nicht aneinanderreihen lassen.

Neben mir saß ein junger Mann. Er war mir schon mal im Studentenbibelkreis begegnet. Er schien mich zu beobachten, denn plötzlich sprach er mich an: »Na, haben Sie Schwierigkeiten mit dem hebräischen Text? Kann ich Ihnen helfen?«

Für diesen Studenten aus dem höheren Semester war das Kapitel aus Josua überhaupt nicht schwer. Er übersetzte mir die Verse fließend und fügte noch hinzu: »Sollten Sie wieder einmal mit einem Abschnitt nicht zurechtkommen, helfe ich Ihnen gern.«

Dieses Angebot nahm ich natürlich an. So traf ich mich regelmäßig mit diesem jungen Theologen in den Räumen der Studentenmission und übersetzte mit ihm Hebräisch. Ich wurde regelrecht in Hebräisch getrimmt. Jeden Tag kam ein neues Kapitel an die Reihe. Mir war das nur recht, denn ich wollte doch unbedingt die Prüfung schaffen. Wenn ich ihn danach fragte, was ich denn für die Nachhilfe bezahlen müsste, dann wehrte er ab und meinte: »Das können wir später klären.«

Am 25. Juli war der Termin für die schriftliche Arbeit. Am Tag davor sollte noch einmal das Wichtigste wiederholt werden. Aber daraus wurde nichts. Ich saß dem Theologiestudenten gegenüber und fiel wie aus allen Wolken, als er zaghaft die Frage über die Lippen brachte: »Ich habe den Eindruck, Fräulein Hannemann, Gott hat uns beide zusammengeführt. Wollen Sie nicht meine Frau werden?«

In unsere Eheringe ließen wir später das Datum 24.07.1955 eingravieren, sowie das Wort, das wir uns für unseren gemeinsamen Lebensweg von Gott erbeten hatten: »Es sollen wohl Berge weichen und Hügel hinfallen, aber meine Gnade soll nicht von dir weichen und der Bund meines Friedens nicht hinfallen.«

Dass ich am nächsten Tag, ganz zum Erstaunen der anderen Examenskandidaten, fröhlich und unbekümmert zur Prüfung erschien, muss ich sicherlich nicht erwähnen. Ich wusste ja: Falls ich durch das Examen fallen würde, ist es nicht so schlimm, ich heirate sowieso. Aber ich habe die Prüfung gut geschafft.

Nach fünf Semestern wurde ich durch meine Heirat mit Karl-Heinz Bormuth von der Studentin zur Hausfrau umfunktioniert. Mein Mann war schon lange mit seinem Studium fertig und unterrichtete an einem Gymnasium Englisch und Religion.

Unser gemeinsamer Lebensweg begann sehr armselig. An irdischen Gütern hatten wir beide nicht viel zu bieten. Aber ich hatte neben meinem Studium noch in einer Filiale der Francke-Buchhandlung für eine Mark Stundenlohn gearbeitet und mir etwas Geld für die Aussteuer verdient. Es war ein Aushilfsjob. Morgens hackte ich Kleinholz und schürte die Öfen. Ich putzte den Laden und trug Zeitschriften aus. Wenn viel Kundschaft da war, durfte ich auch mal verkaufen.

Die Vorweihnachtszeit war für mich ein Höhepunkt. Ich hatte zwar keine große Ahnung, aber ich kannte für junge und alte Leute, für Kinder und Jugendliche einige Bücher und die empfahl ich ihnen mit großem Erfolg an. Ich konnte meine Kunden für Bücher begeistern und habe tüchtig verkauft. Oft wollten die Leute nur ein Buch erstehen, aber mit sieben gingen sie aus dem Laden. Die anderen Mitarbeiter schätzten mich, weil ich zu jeder Arbeit bereit war. An dieser Haltung hat sich bei mir bis heute nichts geändert, denn ich hatte schon zu Hause als junger Mensch gelernt zuzupacken, wo ich gebraucht wurde. Arbeit schändet nicht, heißt meine Devise. Heute muss ich schmunzeln, wenn ich an die Zeit in der Buchhandlung denke, denn im Francke-Buch Verlag veröffentliche ich meine Bücher. So ändern sich die Zeiten und wir uns mit ihnen.

Aber eigentlich wollte ich von der Hochzeit erzählen und bin etwas abgeschweift. Unsere Trauung fand im kleinen Rahmen am 22. Juni 1957 statt. Nur unsere allernächsten Angehörigen nahmen daran teil. Pfarrer Theo Schnepel traute uns in den Räumen der Landeskirchlichen Gemeinschaft. Ich war so aufgeregt, dass ich nur den Trautext aus Jesaja 54,10 behalten habe. Von der Predigt weiß ich kein Wort mehr. Dieses Wort von Gottes wunderbarer Gnade ist in den über sechzig Jahren unserer Ehe mit mir gegangen.

An Hochzeitsreise oder dergleichen Freuden war nicht zu denken. Das Referendargehalt betrug monatlich 348 Mark. 100 Mark bezahlten wir an Miete für unser kleines Heim hoch unterm Dach an meine Schwiegermutter. Wir hatten uns die kleine Puppenstubenwohnung mit einem Bekannten zusammen hübsch renoviert und mit gebrauchten Möbeln eingerichtet. Kühlschrank und Elektroherd kauften wir von meinem Ersparten. Dazu noch etwas Bettwäsche. Es war ein bescheidener, ja dürftiger Anfang und doch auch wieder eine bewegende, schöne Zeit. Wir wussten uns von Gott zusammengeführt und so hat mich in meiner Ehe nie die Angst befallen, unsere Beziehung könnte gefährdet sein.

Unser Glück war vollkommen, als am 29. März 1958 unsere Tochter geboren wurde. Es war eine schwierige Geburt. Als mein Mann zu mir in den Kreißsaal kam, stammelte ich, noch mitgenommen von den Strapazen: »Karl-Heinz, ein hübsches kleines Mädchen ist geboren, aber es war furchtbar. Nie mehr will ich ein Kind.« Danach folgten noch vier Söhne. Jedes meiner Kinder nahm ich aus Gottes guter Hand an.

Die verbrannten Briefe

Auch meine Schwiegermutter will ich nicht unerwähnt lassen, die als alleinerziehende Mutter ihren einzigen Sohn sehr liebte und aufs Engste mit ihm verbunden war. Dass er einmal heiraten und sein Leben mit einer Frau teilen würde, war in ihrem Lebensentwurf nicht vorgesehen und es muss ihr wohl manch schlaflose Nacht bereitet haben, als Karl-Heinz mich kennenlernte und wir Heiratspläne schmiedeten.

Nun hatten wir Hochzeit gefeiert und für meine Schwiegermutter war es unerträglich, dass ihr der Sohn nicht mehr ganz gehörte. Aber sie wollte retten, was noch zu retten war. So war sie es gewohnt, abends, wenn ihr Sohn von der Universität nach Hause kam, Tee zu kochen und belegte Brote auf den Tisch zu stellen. Manchmal backte sie auch eine Schwarzwälder Kirschtorte. So ließ sie den Abend in einem langen Gespräch meist bis nach Mitternacht ausklingen.

Nun war ich »junges Ding«, wie sie mich oft nannte, in diese traute Zweisamkeit geplatzt und meine Schwiegermutter hoffte, dieses Teestündchen mit hinüberretten zu können. So passierte es immer häufiger, dass sie abends zu uns herauf rief: »Karl-Heinz, komm doch bitte noch einmal zu mir herunter, wir müssen etwas sehr Wichtiges besprechen.«

Mein Mann ging daraufhin die Treppe hinunter und kam nicht wieder zu mir herauf. Ich lag in meinem Bett, wartete Stunde um Stunde und wurde ärgerlich, dass ich den Abend ohne meinen Mann verbringen musste. Im Stillen fragte ich mich, was denn seine Mutter so oft zu nachtschlafender Zeit zu besprechen habe. Als dann Karl-Heinz nach Mitternacht in unserer Wohnung erschien, explodierte ich. Bei meinem Temperament ging es dabei nicht gerade lieblich zu. Es fielen hässliche, verletzende Worte. Mein Mann legte sich ins Bett und sagte keinen einzigen Ton. Das machte meinen Zorn noch größer, weil mein Reden ihn anscheinend nicht erreichte. Es war, als spräche ich gegen eine Wand. Ein, zwei Stunden lagen wir dann unruhig nebeneinander. Schließlich hielt ich es nicht länger aus. Ich zupfte meinen Mann am Ärmel und redete auf ihn ein: »Karl-Heinz, wir wollen Christen sein und schweigen uns an! Lass uns doch wieder miteinander reden. Wir wollen doch gut zueinander sein!«

Und dann haben wir bis zum Morgengrauen unsere Probleme hin und her gewälzt. Draußen stimmten schon die Vögel ihre Lieder an. Und dann fiel ein Wort in unserem Gespräch: Vertrauen.

Unser Miteinander sollte vom Vertrauen getragen sein. Wir wollten uns nicht durch trotziges Schweigen verletzen und uns Wunden schlagen. Es war mir wichtig: Mein Mann und ich, wir gehören untrennbar zusammen. Keiner darf in unsere Beziehung negativ hineinwirken. Aber es war uns genauso wichtig, dass meine Schwiegermutter in unsere Liebesbeziehung mit eingeschlossen wurde.

Gewiss, solche Entschlüsse sind schnell gefasst, aber lassen sich nicht von heute auf morgen in die Tat umsetzen. So weiß ich um Siege, aber auch um Niederlagen. Mir hat die seelsorgerliche Begleitung durch einen Pfarrer geholfen, der mir riet, täglich für meine Schwiegermutter zu beten. Das würde unsere Beziehung zum Guten wenden.

Ehrlicherweise muss ich zugeben, dass ich in dieser Zeit lieber für einen Menschen im fernen Grönland oder einen Eingeborenen in Südamerika gebetet hätte als für meine Schwiegermutter. Aber ich wollte Gott gehorsam sein und befolgte den Rat meines Seelsorgers. Mit der Zeit hat sich unser Verhältnis entspannt, sodass ich sie später in unser Haus holte und bis an ihr Lebensende pflegte. Sie wurde fast 93 Jahre alt und war mir für alle Hilfe sehr dankbar.

Einmal schaute sie mich besorgt an, als ich sie fütterte, und meinte: »Lotte, was wird denn nun mit den Briefen?« Ich wusste nicht, was sie damit sagen wollte. Erwartungsvoll blickte ich sie an. Sie aber schwieg. Erst nach ihrem Tod habe ich ihre Frage verstanden. In ihrem Nachlass fand ich einen Packen alter Briefe. Sie waren mit einem Goldband verschnürt und mit der Aufschrift versehen: Lotte. Mutter hatte die Angewohnheit, jeden Brief erst ins Unreine zu schreiben und dann den Antwortbrief dazu zu heften. In einer Nacht las ich die vielen Seiten und musste heftig weinen. So hatte sie z.B. damals an ihren Bruder geschrieben:

Lieber Odo!
Jetzt kannst nur du meine Rettung sein. Stell dir vor, Karl-Heinz ist an ein Flüchtlingsmädchen geraten, an so eine Russenmagd aus Bessarabien. Weißt du eigentlich, wo Bessarabien liegt? Sieh zu, dass du diese Verbindung schnellstens wieder zur Auflösung bringst. Nie werde ich dieses junge Ding, das nichts ist und auch nichts hat, akzeptieren können. Es ist so arm wie eine Kirchenmaus und besitzt keinen Heller und Pfennig. So etwas passt doch nicht zu unserer Familie, wo du Oberregierungsrat am Patentamt bist und wir ein großes Haus besitzen. Sprich mit Karl-Heinz und treib ihm diese Mucken aus, er redet nämlich schon von Verlobung.

Neu wurde mir bewusst, wie schwer es ist, arm und ein Flüchtling zu sein. Es nützte mir nämlich gar nichts, dass ich wie Karl-Heinz Theologie studiert hatte. Das Ganze ging mir sehr zu Herzen. Dann aber besann ich mich auf das Wesentliche. Ich hatte zu meiner Schwiegermutter im Laufe der Jahre ein gutes Verhältnis aufgebaut. Sollte mich dies nicht froh machen? Bitter wollte ich nicht werden und mich im Dickicht kleiner und großer Verletzlichkeiten verstricken. Ich wollte lieben und verzeihen. Denn wie könnte ich sonst im Vaterunser beten: »Und vergib uns unsere Schuld, wie wir unseren Schuldigern vergeben?« Und so zündete ich ein kleines Feuer an und verbrannte einen Brief nach dem anderen.

Ich habe gelernt, gute Gedanken an meine Schwiegermutter zu hegen und habe viele Jahre eine Blumenschale auf ihr Grab gestellt. Ich habe sie als Mutter, die meinem Mann das Leben geschenkt hat, geehrt. Über sechzig Jahre waren mein Mann und ich ein glückliches Paar und haben gemeinsam unserem Herrn Jesus Christus gedient.

Liebende Menschen auf meinem Weg

Im Frauenkreis der Gemeinde war ich mit meinen 23 Jahren die Jüngste. Als unser erstes Kind geboren war, freuten sich die anderen Frauen sehr, und es war, als hätten sie selbst Zuwachs erhalten. Ich wurde reich mit Babykleidung beschenkt: Strampler, Jäckchen, Hemdchen und Mützchen.

Unser Prediger Willi Georgi war meinem Mann ein rechter Seelsorger. Er war es auch, der Karl-Heinz schon als Student in den Predigtdienst eingeführt hat. Wie sehr sorgte er sich um unser Wohl! Wir lebten wirklich in ganz bescheidenen Verhältnissen. Zwei winzige Dachzimmer nannten wir unser Eigen. Unser Wohnzimmerchen war mit einem kleinen Balkon ausgestattet. Hier nahmen wir im Sommer die Mahlzeiten ein und mein Mann bereitete sich für seinen Unterricht vor. Oft stand dort unser Baby an der frischen Luft und ich trocknete auch draußen die Windeln. Eines Tages erschien unser Prediger mit einem Ballen Stoff unter dem Arm und sagte: »Ihr braucht unbedingt eine Markise. Euch können ja die Leute in die Suppe sehen. Außerdem ist es wichtig, dass euer Baby nicht dem Wind ausgesetzt ist.« Ich war völlig überrascht. Herrn Georgi lag nicht nur unser geistliches Wohl am Herzen, sondern er kümmerte sich sogar um unsere Wohnmöglichkeiten. So stelle ich mir einen rechten Hirten der Gemeinde vor.

Eine besondere Überraschung erlebten wir mit unserem Prediger, als wir nach zwei Jahren Marburg verlassen mussten. Mein Mann hatte sein zweites Staatsexamen bestanden und wurde in einem Gymnasium als Assessor angestellt. Nun galt es umzuziehen. Außer einem Elektroherd und einem Kühlschrank besaßen wir nichts an Möbeln. Es fehlte uns auch an Deckbetten und Geschirr. Bisher hatten wir die beiden möblierten Studentenzimmer meiner Schwiegermutter bewohnt. Eines Abends klingelte Herr Georgi an unserer Tür. »Karl-Heinz, ich habe mir überlegt, wie ihr nun in Arolsen zurechtkommen sollt. Ihr seid ja so arm wie eine Kirchenmaus und ihr braucht dringend ein Schlafzimmer, einen Schreibtisch, Stühle und Kochtöpfe. Ihr kennt ja Familie Mayer aus unserer Gemeinde. Sie sind Juden und haben unter dem Naziregime schrecklich leiden müssen. Aber sie haben den Holocaust überlebt. Für den Verlust ihres Besitzes haben sie vom Staat eine Entschädigung erhalten. Ich habe mit dem Ehepaar gesprochen und sie sind bereit, euch finanziell zu helfen. 3.000 DM würden sie euch leihen. Damit könnt ihr euch das Nötigste für den Anfang kaufen. Mich würde es beruhigen, wenn ich euch nachts in warmen Federn wüsste.«

Ich kam aus dem Staunen nicht mehr heraus. Ohne dass wir einen Schuldschein unterschreiben mussten, händigte uns Herr Mayer das Geld aus und fügte noch hinzu: »Natürlich ohne Zinsen.«

Ein neuer Start in Bad Arolsen

Ich weiß es noch wie heute, wie ich in Bad Arolsen fast traumwandlerisch durch die Halle eines Möbelgeschäftes ging. Ich kam ja aus sehr armen Verhältnissen – und nun sollte ich mir ein nagelneues Schlafzimmer aussuchen! Das war mir unbegreiflich. Ich schaute mir die Möbel an und entschloss mich für ein helles Schlafzimmer in Birke, das mich lange an die Liebe von Herrn Georgi und an das jüdische Ehepaar erinnert hat, die uns beglückt haben.

Schwierig gestaltete sich 1958 in Bad Arolsen die Wohnungssuche. In der Nachkriegszeit war es nicht einfach, eine Bleibe zu finden. Als mein Mann sich in der Schule vorstellte, sagte man uns, dass wir in dieser Stadt höchstens ein Zimmer finden könnten. Verwöhnt waren wir ja nicht und ich wäre auch mit unserem Kind nach Arolsen mitgezogen, wenn wir nur ein Bett gehabt hätten. Aber im Stillen setzten wir unser Vertrauen auf Gott. Wenn Jesus nach der Auferstehung zu Gott ging, um uns im Himmel Wohnungen zu bereiten, dann kann er das auch auf der Erde für uns tun. Wir beteten und sprachen dann einen jungen Mann auf dem Wochenmarkt an: »Kennen Sie hier Menschen, die sich zum Bibellesen und Gebet treffen?« Etwas verdutzt schaute mich der Mann an, zögerte einen Augenblick und schickte uns dann in die Bahnhofstraße zum Saal der Freien evangelischen Gemeinde. Wir stellten uns beim Pastor vor und unterbreiteten ihm unser Anliegen. Die Begegnung war herzlich, wie es ja unter Christen sein sollte. Wir wussten sofort, dass wir nicht auf taube Ohren stoßen würden. Pastor Mevissen überlegte einen Augenblick und gab uns dann die Adresse einer Familie aus seiner Gemeinde. Frau Reuter vermietete immer Zimmer an Kurgäste. Nun war aber gerade die Saison zu Ende gegangen und wahrscheinlich könnte sie uns eine Bleibe geben. Eine halbe Stunde später wussten wir, dass unter ihrem Dach unser neues Zuhause sein würde. Wir waren die glücklichsten Leute und dankten Gott für seine Hilfe. In Bad Arolsen verlebte ich die schönste Zeit meines Lebens, auch wenn sie nicht immer frei von Sorgen war.

Unser neues Haus

Da unsere gute Frau Reuter ihre Zimmer bald wieder brauchte, mussten wir unbedingt für eine neue Bleibe sorgen. Mein Vater riet uns zum Bau eines Eigenheims. Wer schon einmal selbst gebaut hat, weiß, wie viele Schwierigkeiten dabei zu bewältigen sind. Aber wir haben Gottes wunderbare Hilfe erlebt. Ein Architekt in der Freien evangelischen Gemeinde, Herr Kröling, verhalf uns in kürzester Zeit zu einem Grundstück und übernahm dann auch die Planung und Durchführung des Hausbaus.

Schon seit Beginn unserer Ehe haben wir uns an das Wort aus Maleachi 3,10 gehalten, das von dem Segen spricht, den Gott auf das Opfer des Zehnten legt. Dort heißt es: »Bringet den Zehnten ganz in mein Kornhaus und prüfet mich, ob ich nicht des Himmels Fenster auftue und Segen herabschütte die Fülle.«

In Bad Arolsen hatten wir damals den Zehnten vom Gehalt meines Mannes einige Monate aufgespart, um eine größere Summe beim nächsten Besuch der Marburger Mission zu überbringen. Nun kommt man ja beim Bauen öfter in Bedrängnis. Wir hatten Schwierigkeiten mit der rechtzeitigen Auszahlung eines Darlehens. Ich schlug meinem Mann daher vor: »Nimm doch erst einmal das Geld vom Opfer, später können wir es ja wieder für die Mission zurücklegen.« Mein Mann aber lehnte dieses Ansinnen ab: »Was Gott gegeben ist, ist gegeben und wird nicht mehr angerührt.« Unsere Lage blieb angespannt. Als ich an einem Abend von der Bibelstunde nach Hause kam, erzählte mir mein Mann: »Während du fort warst, habe ich eine interessante Stelle in der Bibel gelesen. Sie steht in den Chronikbüchern und lautet: ›Der Herr hat noch mehr, das er dir geben kann, denn dies.‹ (2. Chr. 25,9) Ich bin jetzt ganz beruhigt und weiß, dass Gott uns aus dieser Notlage heraushelfen wird.« Ich war recht pessimistisch.

Zwei Tage später erhielten wir von meinem Vater einen Brief zum Geburtstag meines Mannes. Neben seinen Grüßen und Glückwünschen hatte er mit Bleistift am unteren Rand des Briefbogens noch einen Satz hinzugefügt: »Karl-Heinz, wenn du noch Geld für euren Hausbau brauchst, ich habe 1.000 DM für euch gespart.« Es war genau die Summe, die wir im Moment dringend benötigten. Für uns wurde dieser Brief zu einem Gotterleben. Es war, als habe der Herr sein Himmelsfenster aufgetan und Segen in Fülle herabgeschüttet. Wir wussten, dass wir jetzt getrost weiterbauen können. Wir dankten Gott und schrieben natürlich auch meinem Vater einen liebevollen Dankesbrief. Ich fragte mich jetzt zu Recht, wie ich nur an Gottes Liebe hatte zweifeln können.

Noch ein Geldwunder ist mir in Erinnerung. Zu unserer Gemeinde gehörte auch ein Fabrikant. Mein Mann hatte schon öfter geschäftliche Telefonate in Englisch für ihn geführt. Durch unseren Architekten, der ja auch zu dieser Gemeinde gehörte, hatte der Unternehmer von unserem Hausbau erfahren. Eines Tages sagte er zu meinem Mann: »Bruder Bormuth, wenn Sie Geld brauchen, ich kann Ihnen 5.000 DM leihen.« Darüber waren wir verblüfft und machten dankbar von dem Angebot Gebrauch. Als mein Mann später dem Unternehmer den letzten Schuldbetrag brachte und ihn nach den Zinsen fragte, winkte er ab: »Sie haben uns in der Gemeinde mit Ihren Predigten und mir persönlich mit den englischen Telefonaten sehr geholfen. Die Sache ist erledigt.«

In nur neun Monaten wurde unser schönes Haus fertiggestellt. In der Zeit des Bauens fuhr ich jeden Tag mit dem Kinderwagen zum Grundstück und überwachte den Fortgang. Fehlte eine Firma, die eigentlich am Bau sein sollte, dann telefonierte ich mit ihr. Ich drängte darauf, dass wir bald einziehen könnten. Am 31. Mai 1960 war es dann so weit. Freunde halfen uns bei unserem Umzug, sodass wir keinen Möbelwagen in Anspruch nehmen brauchten. Gewiss, es fehlte noch die Haustür und im Obergeschoss waren noch keine Fliesen gelegt und außer im Schlafzimmer auch noch keine Tapeten angebracht. Vor allen Dingen fehlten die Fußböden. Aber das störte uns gar nicht. Die nächsten vierzehn Tage klang mir das Hämmern und Sägen wie Melodie in meinen Ohren. Jeder Handwerker bemühte sich, schnell fertig zu werden. Ob wohl jemand meine Freude nachempfinden kann, als wir die erste Nacht im neuen Haus schliefen? Endlich hatten wir nach äußerster Bedrängnis und Enge ein Eigenheim. Ich hätte den ganzen Tag jubeln können.

Unser Haus soll ein Bethaus sein

Anne-Ruth und Gottfried, unsere beiden Kinder, verlebten eine glückliche Zeit in unserem neuen Haus. Sie hatten viel Freiraum und dazu einen herrlichen Garten zum Spielen. Am Tag des Einzugs lautete die Losung: »Dies Haus soll ein Bethaus heißen allen Völkern.« (Jes. 56,7) Buchstäblich haben wir die Wahrheit dieses Bibelwortes erlebt. Noch heute denke ich dankbar an diese Zeit zurück.

Seit wir nach Bad Arolsen gezogen waren, war es uns ein Anliegen, den Studenten des dortigen Goethe-Instituts das Evangelium zu verkündigen. Aber es war uns untersagt, dort einen englischen Gottesdienst zu feiern. Die Studierenden sollten weder politisch noch religiös beeinflusst werden, war die Begründung. Also blieben uns die Türen zum Institut verschlossen.

Aber eines Tages rief der Direktor bei uns an und fragte, ob wir ein oder zwei Zimmer vermieten könnten. Dieser Bitte kamen wir gerne nach. Ich weiß noch genau, dass ich mir von der ersten Mieteinnahme einen Staubsauger gekauft habe. Eines Tages erwartete das Goethe-Institut etwa 50 junge Leute aus Asien. Uns wurde gesagt, dass ihre Ankunft spät in der Nacht erfolgen könnte, da sie mit dem Schiff am Morgen in den Marseiller Hafen eingelaufen waren und sie nun ein Bus hierher bringen würde. Es war eine stürmische, regnerische Nacht. Als endlich so gegen zwei Uhr die Klingel läutete, standen ein Lehrer der Sprachschule, der Busfahrer und zwei junge Chinesen vor unserer Tür. Ich begrüßte die nächtlichen Besucher und bat sie herein. Die beiden Studenten zogen sofort beim Betreten der Wohnung die Schuhe aus und verbeugten sich mit großer Höflichkeit. »Jetzt stehen die Kerle schon in Strümpfen da, anstatt mir zu helfen, die schweren Überseekoffer ins Haus zu schleppen«, schimpfte der Busfahrer. Es war ein Glück, dass die beiden ihn nicht verstanden. Ich beruhigte den Fahrer, holte meinen Mann und mit vereinten Kräften schafften wir die sieben Kisten und einen Sack mit Konserven in den Flur. Etwas verloren standen wir zwischen den hoch aufgetürmten Überseekisten.

»Das ist Herr Cheng«, stellte uns der Lehrer einen der neuen Mitbewohner vor. »Und das ist Herr Wang.«

»Ich nicht Herr Cheng, ich bin Herr Chua«, kam es etwas zaghaft über die Lippen des einen Chinesen.

»Und ich nicht Herr Wang, ich bin Herr Tan«, fuhr der andere fort.

Verdutzt schaute der Lehrer drein. »Da muss eine Verwechslung vorliegen, also müssen wir alles rückgängig machen.« Der Busfahrer wurde wütend und war von diesem Vorschlag nicht erbaut.

»Lassen Sie doch die beiden Herren hier«, versuchte ich einzulenken. »Sie sehen doch, wie müde und erschöpft die beiden jungen Leute von der Reise sind. Im Übrigen ist es mir egal, ob die Studenten Cheng, Wang,

Tan oder Chua heißen. Wenn der Direktor auf einer Verlegung besteht, kann das morgen noch erfolgen.« Der Lehrer erklärte sich damit einverstanden und der Busfahrer verschwand schnell hinter dem Steuer.

»Welches Tag ist heute?«, fragte mich zögernd Herr Tan, der in Singapur schon ein halbes Jahr Deutsch gelernt hatte.

Ich schaute auf die Uhr. »Heute ist Sonntag.«

»Wo ist Kirche?«, kam es zaghaft über seine Lippen.

Ich traute meinen Ohren kaum und fragte ihn auf Englisch, ob er Christ sei. Unser Gast nickte und holte aus der Jackentasche eine kleine zerlesene Bibel.

Träumte ich nun oder war das wahr? Schon seit vielen Monaten hatte ich gebetet, Gott möchte uns doch eine Möglichkeit geben, die ausländischen Studenten, die aus fast 100 Nationen in unsere Stadt gekommen waren, mit dem Evangelium zu erreichen. Und nun stand mitten in der Nacht ein junger Asiate vor mir, durchgefroren und hundemüde, und fragte mich, wo er einen Gottesdienst besuchen könnte.

»Wir sind auch Christen und ich freue mich ungemein, Sie mit in unsere Gemeinde zu nehmen. Trinken Sie schnell noch eine Tasse Tee und versuchen Sie dann, ein wenig zu schlafen. Früh um acht Uhr werde ich Sie wecken und wir gehen gemeinsam in den Gottesdienst. Wird uns Herr Chua auch begleiten?«, fragte ich.

»Ja«, kam die Antwort aus seinem Munde.

Aber mein Staunen sollte noch größer werden. Als wir vom Gottesdienst nach Hause gingen, begegnete uns hier und da eine Gruppe junger Leute, die gemeinsam mit unseren chinesischen Gästen in der Nacht angereist waren. Etwas verloren gingen sie durch die Hauptstraße unserer Kleinstadt, wo sich die Geschäfte befanden, um sich etwas zum Essen zu kaufen. Aber enttäuscht blieben sie vor den verschlossenen Ladentüren stehen. Aus ihren Heimatländern waren sie es gewohnt, dass die Geschäfte auch sonntags geöffnet waren.

»Kommen Sie doch mit uns«, lud ich sie ein. An ihrem Lächeln konnte ich erkennen, dass sie froh waren, in der Fremde mit einem Menschen auf Englisch reden zu können. Immer wieder stießen wir auf zwei oder drei junge Männer, die ratlos mit knurrenden Mägen vor den Schaufenstern standen. Es dauerte gar nicht lange, bis wir etwa von fünfundzwanzig Studenten umgeben waren, die aus Indien, Korea, Pakistan und anderen asiatischen Ländern kamen. Wir waren so mit ihnen ins Gespräch vertieft, dass ich erst vor unserer Haustür merkte, was ich angerichtet hatte. Es wurde mir ganz mulmig zumute. Was sollte ich für diese fünfundzwanzig hungrigen Münder kochen? Wir waren ja noch eine junge Familie mit nur zwei kleinen Kindern und besaßen keine Kühltruhe oder größere Vorräte im Keller. Aber ich ließ mir meine Verlegenheit nicht anmerken. Irgendeine Lösung würde mir schon einfallen. Zunächst musste ich für alle eine Sitzgelegenheit schaffen. Mein Mann holte die Matratzen aus den Betten und brachte alle Stühle aus Keller und Küche herbei. Dann stellten wir einen großen Topf mit Wasser auf die Herdplatte und schütteten sämtlichen Reis hinein, den wir vorrätig hatten, egal, ob es Milchreis oder Langkornreis war. Außerdem brühte ich drei große Kannen Tee auf. Aus den Schränken holte ich sämtliches Geschirr, das wir besaßen, und deckte im Wohnzimmer, Arbeitszimmer und in der Küche die Tische. Aus der Speisekammer trug ich Brot, Kuchen, Fischkonserven, Käse, Marmelade, Honig, Wurst und was ich sonst noch finden konnte herbei. Dazu kochte ich die restlichen sechzehn Eier aus dem Kühlschrank. Unser Sonntagsbraten wurde in ganz dünne Scheiben zerschnitten und mit viel Soße verlängert. Ich kann nicht sagen, ob unsere Gäste von meiner Kochkunst begeistert waren. Jedenfalls blieben nur leere Schüsseln zurück und an den Tischen kam ein reges Gespräch in Gang, das bis in den späten Nachmittag andauerte.

Als sich unsere Freunde zum Gehen rüsteten, schlug ich ihnen Folgendes vor: »Es war für uns sehr interessant, mit Ihnen bekannt zu werden und etwas über Ihr Land und Ihre Kultur zu erfahren. Wir sind uns heute Nachmittag ein Stück näher gekommen. Mein Mann und ich würden uns sehr freuen, wenn wir Sie wieder als unsere Gäste begrüßen könnten. Gern sind wir auch bereit, von dem zu erzählen, was uns bewegt. Wie wäre es, wenn wir uns am nächsten Samstag bei uns treffen könnten?« Mein Vorschlag wurde begeistert aufgenommen.

Das war der Beginn einer regen Missionsarbeit. An diesem Nachmittag wurde ein Bibelkreis für ausländische Studenten geboren. Regelmäßig trafen sich über zwanzig Studenten in unserem Wohnzimmer. Wir tranken Tee, aßen Plätzchen oder Kuchen, unterhielten uns, sangen aus amerikanischen Choralbüchern, die uns ein Armeepfarrer zur Verfügung gestellt hatte, und bezeugten, was Jesus Christus für unser Leben bedeutete. Gute seelsorgerliche Gespräche fanden oft bis in die Nachtstunden statt. In dieser Zeit haben wir auch sehr viele Bibeln verteilt.

Aus Briefen erfuhren wir, dass Gottes Wort nicht ohne Wirkung geblieben war. So schrieb ein afrikanischer Arzt: »Ich war blind für Christus, nun aber sind meine Augen für ihn offen.« Eine Inderin bekannte: »Ich suchte die Wahrheit, fand sie in Gott und ich danke Ihnen für das Neue Testament.«

Dass unser Freund und Bruder, Herr Tan, tüchtig zu dem Bibelkreis eingeladen und die Leute auch bei Regen und Frost in unser Haus gebracht hat, sollte ich unbedingt erwähnen. Gott wusste, warum diese Verwechslung geschehen musste. Durch Herrn Tan fanden wir Eingang in die Sprachschule, und Menschen, die bisher von Christus unberührt waren, hörten das Evangelium. Ich aber konnte nur staunen, wie Gott auf unser Rufen hin geantwortet hat. Über eine längere Zeit blieben wir in Kontakt mit Herrn Tan, der in Darmstadt studierte. Später war er als Professor für Elektrophysik an der Universität in Singapur tätig.

Ich liebte diese neue Aufgabe an den Studierenden und immer wieder schenkte es Gott, dass Ausländer unter der Verkündigung meines Mannes zum Glauben an Jesus fanden. Natürlich erforderte dies auch meinen ganzen Einsatz. Ich versuchte immer, auch etwas Leckeres auf den Tisch zu stellen. Mal war es ein Obstsalat, mal eine Quarkspeise, mal ein Pudding oder aber ein Apfelstrudel. Einige junge Leute brachten auch in einem Beutel ihre schmutzige Wäsche mit und während wir dem Evangelium zuhörten, lief in der Küche die Waschmaschine. Sie war mein unentbehrlichstes Haushaltsgerät, denn nun musste ich nicht mehr jeden Tag die Windeln in einem Topf auf dem Küchenherd kochen. Ich gewann dadurch mehr freie Zeit.

Wenn die Abschlussprüfung im Goethe-Institut nahte, wiederholte ich mit einigen Ausländern den Lernstoff. Das Lehrbuch kannte ich dann bald schon auswendig.

Einmal jedoch war ich sehr niedergedrückt. Als ich nach einem Studentenbibelkreis am nächsten Morgen das Zimmer wieder herrichten wollte, sah ich über unser schönes Parkett einen hässlichen Kratzer quer durchs ganze Zimmer. Zwei junge Männer hatten aus dem Nebenzimmer eine Couch hereingeschoben, um mehr Platz zu schaffen, und ein herausragender Nagel war der Übeltäter. Ich war darüber traurig. Als mein Mann vom Unterricht nach Hause kam, jammerte ich ihm vor: »Karl-Heinz, sieh nur, wie unser neuer Fußboden aussieht. Ich weiß nicht, ob wir die jungen Leute auch weiterhin zu uns einladen sollen.«

Aber mein Mann nahm mich in den Arm und lachte nur: »Lotte, dieser Riss bekümmert dich! Du solltest froh sein, wenn auf unserem Fußboden die Spuren der Heiligen zu sehen sind.«

Nosa Omoregi

An einen Studenten erinnere ich mich besonders. Er hieß Nosa Omoregi, kam aus Nigeria und wollte in Deutschland Medizin studieren. Er nannte uns Papi und Mami. Anne-Ruth und Gottfried, unsere beiden Kinder, betrachtete er als seine kleineren Geschwister. Mit Nosa verband uns auch eine herzliche geistliche Gemeinschaft. Er stammte aus einer angesehenen Familie. Sein Vater hatte in Nigeria eine hohe Stellung in der Regierung inne, seine Mutter war Lehrerin und eine bewusste Christin. Er selbst hatte eine klare Hinwendung zu Jesus erlebt und so war es ihm ein Anliegen, seinen Mitstudenten im Institut von Jesus zu sagen. Oft fuhr er sonntags mit meinem Mann über Land und gab Zeugnis in kleinen und großen Versammlungen, wie er seinen Gott erlebte. Wir hatten Nosa lieb gewonnen. Er war wie einer von uns.

An einem Nachmittag kam Nosa vom Sprachstudium nach Hause. Er sah schrecklich traurig aus. »Nosa«, fragte ich ihn, »was ist mit dir los? Ist etwas passiert?« Ohne ein Wort zu sagen, ging er an mir vorbei in sein Zimmer. Ich verstand unseren Studenten nicht. Was war ihm nur zugestoßen? Gerade seine Fröhlichkeit, ja fast Unbekümmertheit hatte uns an ihm so gefallen. Ich wartete etwa eine Stunde und ging dann die Treppe zu ihm hoch. Leise öffnete ich die Tür. Nosa lag auf der

Erde. Das war seine Haltung, wenn er betete. Jetzt durfte ich ihn nicht stören. Behutsam ging ich die Stufen wieder hinunter. Erst gegen Abend erschien er bei mir in der Küche. Noch immer waren ihm seine Angst und Verzagtheit anzusehen.

»Nosa, was ist denn geschehen? So rede doch.«

»Mami, ich kann nicht bleiben in Deutschland. Mein Direktor ist böse zu mir. Mein Geld von Bank in London ist noch nicht gekommen. Er hat gesagt: ›Herr Omoregi, Sie nicht können bleiben in Goethe-Institut, wenn Sie nicht bezahlen Ihr Geld.‹ Mami, ich brauche auch ein Praktikum. Wenn ich will studieren in Deutschland, ich muss vorher arbeiten in Krankenhaus. Aber kein Doktor will mich nehmen. Ich bin Schwarzer. Was soll ich machen? Ich sehr traurig.«

Ich überlegte einen Augenblick und sagte ihm dann: »Nosa, dieses Problem kann ich für dich lösen. Ich gehe jetzt gleich mit dir zu Dr. Schmidt. Er ist ein Freund unserer Familie und mit seiner Frau habe ich zusammen in Marburg studiert. Er leitet im Krankenhaus die Abteilung Gynäkologie und Geburtshilfe. Ich werde mit ihm reden und bin fest davon überzeugt, dass er dir eine Praktikumsstelle gibt. Anschließend machen wir uns auf den Weg zum Direktor deines Instituts. Sag mir: Wie viel Geld brauchst du? Ich werde es für dich bezahlen und später gibst du es mir zurück. Wir möchten dir gerne helfen. Morgen gehe ich zur Bank und hebe diesen Betrag vom Sparbuch ab.«

Nosas Gesicht hellte sich etwas auf und wir gingen

gleich los. Wir hatten an diesem Tag Erfolg auf der ganzen Linie. Dr. Schmidt gewährte unserem Studenten einen Praktikumsplatz auf seiner Station und der Direktor wollte noch nicht einmal mein Geld annehmen. Er meinte, das dulde das Prestige seiner Schule nicht, dass Vermieter für ihre Mieter noch die Studiengebühren aufbrächten. Herr Omoregi habe wohl zu voreilig gehandelt und ihn falsch interpretiert.

An diesem Abend war Nosa der glücklichste Mensch und schon am nächsten Tag kaufte er sich einen weißen Kittel. Drei Wochen später erreichte mich dann ein Brief von seiner Mutter aus Lagos:

Liebe Frau Bormuth,
Nosa ist mein erstgeborener Sohn. Bevor er nach Deutschland zum Studium ging, habe ich vor Gott auf dem Fußboden gelegen und ihm meinen Sohn anvertraut. Ich wollte so gern, dass er in eine christliche Familie kommt. Gott hat mein Gebet erhört. Meine Angst war groß, dass mein Junge in Deutschland seinen Glauben verlieren und in schlechte Hände kommen könnte.
Wie dankbar bin ich meinem Herrn. Sie sorgen auch gut für Nosa. Vielen Dank, dass Sie ihm einen Praktikumsplatz verschafft und ihm auch das Geld für die Studiengebühren gegeben haben. Im Glauben an unseren großen Gott grüße ich Sie,
Ihre Josephine Omoregi

Ich habe mich sehr über diese Zeilen gefreut und war zugleich erstaunt, denn so ganz stimmte doch die Sache nicht.

»Nosa, ich habe dir doch gar nicht das Geld vorgelegt.«

»Mami, das ist aber so, als wenn du mir das Geld gegeben hast.«

Als er nach einem halben Jahr sein Sprachstudium beendet hatte – er war ein überaus begabter junger Mann –, folgte unweigerlich die Trennung. Wir mussten Abschied von ihm nehmen. Er flehte mich regelrecht an, ihn doch nach Mainz zu begleiten, wo er sein Medizinstudium beginnen sollte. »Mami, du musst mit mir gehen. Mami, ich tragen deine Tasche und bezahlen deine Reise.«

Mein Einwand, dass ich in den nächsten vierzehn Tagen unser drittes Kind erwartete und eine Fahrt mit der Bahn zu riskant sei, versuchte er zu entkräften. »Mami, du musst nicht haben Angst, ich dir helfen, wenn Baby kommt. Ich arbeiten bei Dr. Schmidt, ich weiß, was tun, wenn Kind kommt.«

Ich musste insgeheim schmunzeln. Auf diese ärztliche Kunst wollte ich mich natürlich nicht einlassen. Nosa musste schon allein an seinen neuen Studienort reisen. Wir hatten ihm bei einer christlichen Familie ein Zimmer besorgt und ihm auch geholfen, alle schriftlichen Formalitäten bei der Einschreibung an der Universität zu erledigen. Es wurde ein wehmütiger Abschied. Die Tränen liefen ihm die Wangen herunter.

Sobald er zehn Schritte gegangen war, drehte er sich um und winkte mir zu. Ich selbst musste mir das Nass aus den Augen wischen. Als er an der Straßenbiegung angekommen war, wo er nach links zum Bahnhof hätte gehen müssen, bog er nach rechts in den Kindergarten ab. Mittags erzählten dann Anne-Ruth und Gottfried, dass er mit einer großen Tüte Süßigkeiten zu ihnen gekommen sei, um sich von seiner lieben Schwester und seinem kleinen Bruder zu verabschieden. Jedes Kind in der Gruppe wurde mit Schokolade bedacht. Die Erzieherinnen waren von so viel Liebe und Herzlichkeit berührt.

Berufung ins Diakonissenmutterhaus

Fünfeinhalb wunderschöne Jahre erlebten wir in Bad Arolsen. Inzwischen hatten wir drei Kinder: Anne-Ruth, Gottfried und Matthias. Wir besuchten eine lebendige christliche Gemeinde und in den umliegenden Orten des Waldecker Landes, in denen mein Mann Bibelstunden und Predigten hielt, hatten wir viele Freunde gefunden. Nie hätten wir mit dem Gedanken geliebäugelt, aus dieser wunderschönen Stadt wegzuziehen.

Dann aber erreichte uns eines Tages die Berufung meines Mannes in den vollzeitlichen Dienst in das Mutterhaus Hebron in Marburg-Wehrda. Mein Mann sagte dem Schuldienst nicht leichten Herzens ade. Mein Vater war darüber empört: »Wie könnt ihr das machen? Karl-Heinz ist Beamter auf Lebenszeit. Solch eine Stellung gibt man nicht einfach auf und geht in ein Diakonissenhaus, das doch keine Zukunft hat.« An der Stelle mussten wir uns Vater widersetzen; denn wir wollten Gott gehorsam sein und seinem Ruf folgen, koste es, was es wolle. Am 1.4.1964 zogen wir nach Marburg um. Die Kinder trauerten Bad Arolsen nach, weil sie ihr Spielparadies und alle ihre Freunde zurücklassen mussten.

Aber alles Schöne hat einmal ein Ende, und auch mir fiel der Abschied von Bad Arolsen nicht leicht. Als ich die Tür unseres Hauses zum letzten Mal zuschloss, wollte mich Wehmut überfallen. Entschlossen stieg ich ins Auto und sagte mir im Stillen: »Herr, ich danke dir für den Reichtum und das frohe Erleben in der Vergangenheit. Jetzt will ich erwartungsvoll meinen Blick nach vorne richten. Wie gut, dass du mich mit meiner Familie auf allen Wegen begleitest.«

Vom eigenen Haus zogen wir in eine Dienstwohnung. Sie war wunderschön hergerichtet und hatte zudem noch einen Garten mit einem herrlichen Sandkasten. Bis der Möbelwagen kam, blieben wir im Mutterhaus. Die Schwestern hatten uns liebevoll ein Zimmer hergerichtet. Ein Strauß Blumen stand auf dem Tisch, Obst und Fruchtsäfte auf dem Teewagen. Unsere zwei Großen waren außer Rand und Band von all dem neuen Erleben. Sie stürzten sich gleich auf Äpfel und Orangen, so als hätten sie noch nie etwas zu essen bekommen. Dabei fiel eine Flasche um und der Sprudel ergoss sich über den Teppich. Matthias war gerade im Krabbelalter. Nichts war vor ihm sicher. Er zog an Kabel und Tischdecken und hatte sich die Stehlampe zum Spielzeug erkoren. Ich war dem ausgelassenen Treiben hilflos ausgeliefert und beschloss, unsere wilden Rangen schnellstens ins Bett zu bringen. Aber da gingen das Geschrei und der Tumult erst richtig los. Gottfried war auf die Idee gekommen, Seesturm und Pirat zu spielen. Die großen und kleinen Kissen dienten als Wurfgeschosse. Das schöne Zimmer glich nach nur einer Stunde einem wüsten Schlachtfeld. So etwas hatten die lieben Diakonissen in ihren geheiligten Hallen wohl noch nicht erlebt. Mir war ganz elend zumute, und ich machte mir Vorwürfe, dass ich kein Spielzeug mitgebracht hatte. Aber gerade in diesem Augenblick klopfte es an der Tür. Schwester Frieda Lange, eine der leitenden Schwestern, wie ich später erfuhr, muss wohl der Herr Jesus selbst auf den Weg gebracht haben, um mir beizustehen. Mein Stoßgebet war schnell erhört worden. Sie kam, sah und siegte. Sie nahm Anne-Ruth und Gottfried an die Hand und schlug ihnen vor: »Kinder, wir gehen mal in die Küche.« Dieses Angebot wurde mit viel Hallo begrüßt und ich konnte erst einmal tief durchatmen. Ruhe kehrte ein, sodass ich Matthias zum Schlafen bringen und ein wenig Ordnung schaffen konnte.

Unsere neue Behausung war wunderschön, aber sie hatte einen Nachteil: Wir wohnten nun nicht mehr allein im Haus. Im Miteinander mit den anderen Hausbewohnern kam es öfter zu Konflikten mit den Kindern. Inzwischen war Johannes, unser viertes Kind, geboren worden. Vor allen Dingen vertrug sich Matthias nicht immer mit seiner gleichaltrigen Freundin, der zart besaiteten Silke, die über uns wohnte. Mal spielten sie fröhlich miteinander und waren unzertrennlich, dann aber gerieten sie wegen eines lumpigen Bausteins in Streit. Bei einer solchen Gelegenheit kratzte Matthias und biss Silke sogar in die Hand. Ich war darüber entsetzt. In solch einer Situation schweigen Mütter natürlich nicht. Es kam zu Differenzen, denn wenn Löwen ihre Jungen verteidigen, wedeln sie auch nicht nur mit dem Schwanz. Ich konnte Silkes Mutter verstehen. Mehr als mich für das Verhalten meines Sohnes zu entschuldigen, konnte ich nicht tun. In stillen Stunden dachte ich dann: »Ach, wären wir doch bloß in Bad Arolsen geblieben!« Ich geriet in Gefahr, die Freude an der Berufung meines Mannes für Gott zu verlieren. Anstatt mich dem Heute zu stellen, schwelgte ich in meinen Gedanken in der Vergangenheit: Wie schön war es doch in Bad Arolsen gewesen!

Aber Gott stellte sich mir kräftig in den Weg. Das Lesen der Bibel am frühen Morgen, die Gemeinschaft mit anderen Christen, die Gebetsstunden, der verständnisvolle Zuspruch und die Zurechtweisung meines Seelsorgers waren wirkungsvolle Mittel, um mich aus dem Selbstmitleid und den Träumereien wieder auf die rechte Spur zurückzuholen. »Es sind die kleinen Füchse, die den Weinberg verderben«, heißt es in der Bibel. Dieser Wahrheit des Alten Testaments musste ich recht geben. So bin ich – Gott sei Dank – nicht bei den kleinen Plänkeleien und Streitigkeiten wegen der Kinder hängengeblieben, sondern habe mich immer wieder ausgesöhnt. Heute ist Silke eine tüchtige Pfarrfrau. Die Freundschaft zwischen ihr und Matthias ist über viele Jahre erhalten geblieben. Sie haben zusammen studiert und Matthias war sogar Gast bei ihrer Hochzeit. Mit Blick auf ihre kleinen Streitereien von damals sagten sie später scherzhaft: »Wie konnten wir uns früher nur so oft zanken! Vielleicht verstehen wir uns deshalb heute so gut, weil wir unsere Konflikte schon im Sandkasten ausgetragen haben.«

Jesusbekenntnis im Alltag

Etwas ratlos stehe ich vor einem riesigen Häuserblock des Studentendorfes in Marburg und suche eine Bekannte, Dorothea Wege. Namen über Namen lese ich an den Klingelknöpfen herunter, bis ich endlich den richtigen entdeckt habe. Über 1.500 junge Menschen wohnen auf diesem Berg vor den Toren Marburgs.

Plötzlich werde ich von der Frage umgetrieben: Wer mag sich wohl hinter all den Namen verbergen und wer bringt diesen jungen Leuten das Evangelium? In dieser Nacht kann ich lange nicht einschlafen. Immer wieder kreist die Zahl von 1.500 hoffnungsfrohen Studenten in meinem Kopf herum. »Herr«, bete ich, »zeig mir konkret, wo ich hier mit anpacken kann. Ich will deinem Befehl gehorsam sein.«

Ehe der Morgen anbricht, hat Gott mit mir geredet. Mein Auftrag heißt nicht: Geh ins Studentendorf, sondern: Kümmere dich um die Studenten, die in deiner allernächsten Nähe wohnen, in dem kleinen Ort Wehrda bei Marburg. Schreib ihnen einen Brief, schick ihnen ein Johannesevangelium, besuche sie und lade sie zum Bibelkreis ein.

Bekannte helfen mir beim Zusammenstellen der Adressen. Nun sitze ich viele Stunden des Tages in meiner Küche und schreibe Briefe, fünfzig an der Zahl. Um mich herum spielen unsere vier noch kleinen Kinder.

Ab und zu schaue ich nach ihnen, koche das Essen, stelle die Waschmaschine an und spüle das Geschirr. In diesen zwei Wochen verrichte ich nur das Notwendigste in der Wohnung. Es ist gut, wenn man als Hausfrau flexibel ist und sich auch hier und da einmal das sonst übliche Programm von Gott durchkreuzen lässt.

Immer wenn ich einen Stapel Briefe geschrieben habe, wickle ich ein Johannesevangelium in Seidenpapier, binde ein rotes Schleifchen darum (denn es ist gerade Adventszeit) und verteile diese Päckchen auf meinen Spaziergängen mit den Kindern vor allen Dingen an Studenten aus dem ersten Semester.

Ich werde fast überall freundlich empfangen. Zwar sind die Gesichter etwas erstaunt, aber abgewiesen werde ich von keinem. Im stillen Gebet segne ich die Empfänger und bin insgeheim gespannt, wer wohl zum nächsten Hausbibelkreis kommen wird.

Es ist eine große Freude, wie kurze Zeit später einer nach dem anderen den Weg zu uns findet. Jedes einzelne Gesicht ist mir ein Geschenk von Gott und eine Gebetserhörung. Nur ein junger Mann scheint etwas ärgerlich zu sein und fragt in ziemlich barschem und erregtem Ton: »Wie sind Sie eigentlich an unsere Adressen gelangt, Frau Bormuth?« – »Ach, nun kommen Sie doch erst mal herein in die gute Stube, Herr Völker« (so möchte ich ihn hier nennen). »Machen Sie sich mit den anderen Gästen bekannt, und wenn es Ihnen hier bei uns gefällt, sind Sie uns jederzeit herzlich willkommen.«

Dreizehn neue Besucher sitzen mit in der Runde und hören die Botschaft von Gottes rettender Liebe. Unser großes Wohnzimmer platzt fast aus allen Nähten. Jeder Hocker und jede Fußbank wird hereingeschleppt. Sogar das Bügelbrett dient als Sitzgelegenheit. Nach der Bibelarbeit plaudern wir noch bei Tee und Weihnachtsplätzchen und tauschen uns aus über die Herausforderungen des Glaubens.

Ob sie wohl alle das nächste Mal wiederkommen werden? Diese Frage bewegt mich. Dass gerade der kritische, etwas abweisende Herr Völker zu unseren regelmäßigen Teilnehmern gehört, ist mir ein Beweis für Gottes Macht. Er findet Kontakt zu anderen jungen Christen und sucht bei ihnen Antwort auf die Frage nach einem sinnerfüllten Leben. Wir haben unsere wahre Freude an dem angehenden Psychologen.

Eines Abends schellt es noch nach zehn Uhr an unserer Tür. Innerlich aufgewühlt und erregt steht unser Freund vor mir: »Bitte, Frau Bormuth, helfen Sie mir. Ich muss noch unbedingt mit einem Menschen sprechen, ich möchte mich bekehren.«

»Hat das Gespräch nicht Zeit bis morgen? Es ist doch schon recht spät, Herr Völker«, versuche ich ihn von seinem Nachtgespräch abzubringen. Aber der junge Mann lässt sich nicht abweisen. Also hänge ich mich ans Telefon und bemühe mich, zu nachtschlafender Zeit einen Seelsorger aus dem Bett zu trommeln. Es ist mir zwar unangenehm, aber mir bleibt keine andere Wahl.

Am nächsten Morgen erfahre ich dann, wie fruchtbringend das »Nachtgespräch« verlaufen ist, und dabei werde ich an Nikodemus erinnert. Herr Völker hat nach einem klaren, offenen Schuldbekenntnis sein Leben an Jesus Christus ausgeliefert. Ich kann gar nicht sagen, wie glücklich ich bin. Ganz gleich, welche Arbeit ich zu verrichten habe, ich singe beim Schuheputzen, beim Bügeln, beim Kartoffelschälen ein Lied nach dem anderen und kann die Engel im Himmel gut verstehen, die sich freuen, wenn ein Sünder zum Frieden mit Gott findet.

Das Semester neigt sich dem Ende zu und unser neuer Bruder in Jesus verlässt die Stadt, um an einer anderen Universität weiterzustudieren. Mir aber bleibt die Freude, dass er sich auch am neuen Studienort mit in die Schar der Jünger Jesu einreiht, die von dem einen Ziel bestimmt werden, Menschen in die Nachfolge Jesu Christi zu führen. Sonst höre ich nichts weiter von ihm. Die Verbindung zu ihm besteht nur noch in der Fürbitte. Im Übrigen halte ich Ausschau nach neuen Studenten.

Es mögen wohl fünf bis sechs Jahre vergangen sein, da begegnet mir in einer fremden Stadt nach einem Gottesdienst ein junger Mann. Er bleibt vor mir stehen und schaut mich durchdringend an.

»Sie sind doch Frau Bormuth«, spricht er mich an. Ich nicke etwas verlegen. »Ihr Gesicht kommt mir auch bekannt vor, aber ich weiß nicht, wer Sie sind«, entschuldige ich mich. »Na, denken Sie doch mal scharf nach – an die Zeit im Hausbibelkreis in Wehrda«, ermuntert mich mein Gegenüber. Jetzt dämmert es bei mir. »Sie sind Herr Völker!« Wir begrüßen uns herzlich.

Da wir beide etwas Zeit haben, nutzen wir die Gelegenheit und gehen im Park spazieren. Dabei erfahre ich Näheres aus seinem Leben.

»Als ich damals so spät abends bei Ihnen erschien«, erzählt er mir, »erfüllte ich die Bitte meines Großvaters, der ein bewusster Christ war. In einem für mich bedeutungsvollen Gespräch hatte er zu mir gesagt: ›Junge, wenn die Stunde kommt und Christus dich in seine Nachfolge ruft, zögere die Entscheidung nicht hinaus. Triff sie sofort. Es könnte vielleicht sonst zu spät sein. Der Teufel liegt auf der Lauer und will uns von diesem wichtigsten Schritt unseres Lebens abhalten.‹ Verstehen Sie jetzt, Frau Bormuth, warum ich so beharrlich darauf bestand, noch am selben Abend mit einem Seelsorger zu sprechen?«

Ich nicke nur still und bin tief bewegt von Gottes machtvoller Führung im Leben dieses jungen Akademikers.

Hilfe, mein Kind wird nicht versetzt

Ich bin recht niedergeschlagen. Matthias' Klassenlehrerin hat angerufen: »Frau Bormuth, alle Kinder der ersten Klasse können lesen, nur Ihr Sohn nicht. Ich fürchte, er wird nicht versetzt.« – »Ja, können Sie es ihm denn nicht beibringen?«, wende ich ein. Aber sie entgegnet mir: »Ich habe über dreißig Kinder zu betreuen, da ist es mir unmöglich, mich um ein einzelnes zu mühen.«

Traurig sitze ich im Sessel und mache mir Vorwürfe. Warum habe ich das nicht selbst gesehen und mich rechtzeitig um die Schularbeiten gekümmert, frage ich mich. Wie konnte ich nur so leichtsinnig sein und alles schludern lassen? Jetzt hängt mein Kind ganz hinten und muss vielleicht die erste Klasse wiederholen. Ich begreife das nicht.

Bei unseren beiden Großen klappte alles wunderbar. Ich hätte Matthias nicht so viel sich selbst überlassen sollen. Aber meine Zeit ist auch wirklich begrenzt. Johannes ist gerade dem Krabbelalter entwachsen und nimmt mich fast völlig in Anspruch. Keinen Augenblick kann man den kleinen quirligen Kerl aus den Augen lassen, der sich gerade anschickt, die Welt um sich herum zu erobern.

Was wird nur mein Mann sagen, wenn ich ihm nach Dienstschluss diese Hiobsbotschaft mitteilen muss? Aber zunächst werde ich mir mal den kleinen Faulenzer vorknöpfen.

Als mein Sohn nach dem Spielen in der Küche erscheint, spreche ich mit ihm.

»Matthias, deine Lehrerin hat angerufen. Alle Kinder in deiner Klasse können lesen, nur du nicht. Wie kommt das eigentlich?«

»Ich will nicht lesen lernen«, lautet trotzig die Antwort.

»Wie, du willst nicht lesen lernen?«, frage ich erstaunt. »Das geht doch gar nicht. Alle Menschen in unserem Land müssen lesen und schreiben können. Ich will dir doch später einen Brief schreiben, wenn du eine Reise machst oder wenn du in einer anderen Stadt arbeitest. Was willst du eigentlich werden?«

»Müllkutscher«, kommt es prompt über seine Lippen.

»Müllkutscher?«, wundere ich mich. »Aber da musst du auch lesen können. Du musst doch wissen, welche Straßen du mit deinem Müllauto abfahren musst.«

»Aber Mama, ich will ja nicht vorne am Steuer sitzen, sondern hinten die Tonnen kippen.«

Ich kann mir nur mit Mühe ein Lachen verkneifen. Müllkutscher ist sicher ein wichtiger Beruf und ich will ihn keineswegs gering achten. Wir kämen ja um in unserem Dreck, wenn uns nicht Woche für Woche diese fleißigen Männer von unserem Abfall befreiten. Jedes Mal, wenn sie montags durch unsere Straße fahren, freue ich mich darüber und lasse ihnen manchmal als sichtbares Zeichen meiner Dankbarkeit von unserem Jüngsten ein kleines Geschenk zustecken.

Aber darf die Faszination dieser Tätigkeit – das Klappern der Tonnen – so weit gehen, dass mein Junge darüber seine Pflichten vergisst und die Schule gar nicht mehr ernst nimmt? Was steckt eigentlich hinter dieser Faulenzerei? Mein Kind ist mir zu einem Rätsel geworden.

Ich bin so froh, dass ich mit allem, was mich beschwert oder bekümmert, zu Gott gehen kann. Vor ihm kann ich mein Herz ausschütten und auch mal ins Unreine reden. Meine Schulnöte sind ihm nicht gleichgültig. Er allein weiß auch, wo mein Verschulden gegenüber diesem Kind liegt. An mangelnder Begabung oder Intelligenz kann es nicht liegen, denn der Bursche ist sonst recht aufgeweckt, und schüchtern und gehemmt ist er auch nicht.

Gott ist ein guter Pädagoge. Er kennt mein Kind besser als ich das tue. Er sieht die Hintergründe und Beweggründe und vermag mir die inneren Zusammenhänge für das Verhalten meines Sohnes zu erklären. Im Gespräch macht er mir deutlich, dass Matthias' Fehlverhalten in der Schule eine Trotzreaktion ist.

Dieses dritte Kind in unserer Familie fühlte sich unverstanden, weil es nicht so viel Zuwendung empfing wie unsere anderen Kinder. Ich war durch die Geburten der vier Kinder sehr geschwächt und hatte Mühe, meine Hausarbeit zu bewältigen. Außerdem beschäftigte mich das Neugeborene über die Maßen. Matthias war gerade zwei Jahre alt, als Johannes das Licht der Welt erblickte. Jedes Mal, wenn er zu mir kam, um mir zu zeigen, was er gebaut oder gemalt hatte, wies ich ihn mit den Worten ab: »Matthias, du siehst doch, ich habe keine Zeit. Das Baby schreit und muss gewickelt werden.«

Bei meinem verkehrten Verhalten blieb es gar nicht aus, dass sich der Junge hintenangesetzt fühlte, und er reagierte mit Trotz. Das Nicht-Lernen-Wollen war eine solche Reaktion.

Wie gut haben wir es als Mütter unter Gott, dass wir von ihm Korrektur für unser Fehlverhalten empfangen können. Oft ist es so, dass wir nicht alle Erziehungsmängel rückgängig machen können, aber wir dürfen doch Gott bitten, dass er uns unser Versagen vergibt, sodass wir nicht ständig unter dem Druck der Schuld zu leiden brauchen. Wir dürfen die Last bei Gott loswerden und wieder frohe Mütter werden, die in ihren Familien eine heitere, sonnige Atmosphäre schaffen.

Ich habe aus dem Gespräch mit Gott gelernt: Mein Junge braucht mehr Liebe, mehr Ermutigung und Anerkennung, außerdem aber eine straffe, konsequente Führung.

So musste der kleine Kerl jeden Morgen um halb sieben Uhr in meinem Schlafzimmer erscheinen und regelmäßig eine Viertelstunde lesen üben. Als er mir dann vor den Sommerferien mit strahlenden Augen das Zeugnis aushändigte, war mir zumute, als wäre ich selbst eine Klasse weitergekommen, so glücklich war ich. Matthias wurde für seinen Fleiß mit einem Kinderbuch belohnt. Dass ich am Abend dieses Tages lange nicht einschlafen konnte, ist sicher verständlich. So hatte ich genügend Zeit, Gott mit einem dankbaren Herzen zu ehren.

Daniels erste Bibel

Früh habe ich angefangen, unseren Kindern biblische Geschichten zu erzählen und ihnen abends aus der Kinderbibel vorzulesen. 1973 kam unser jüngster Sohn Daniel als Nachzügler auf die Welt. Als er acht Jahre alt wurde, wünschte er sich von seinem Bruder eine eigene Bibel. Ich war zunächst etwas skeptisch, ob der Übergang von der Kinderbibel zur Erwachsenenbibel in diesem Alter nicht zu früh sei. Aber es stellte sich bald heraus, dass Daniel ein eifriger Bibelleser wurde. Als ich ihm einen Bibelleseplan zur Hilfe an die Hand geben wollte, lehnte er ab: »Weißt du, Mama, ich habe mir das alles genau überlegt. Ich werde jeden Tag fünf Kapitel lesen und dann lerne ich bald die ganze Bibel kennen.« Das war ja ein gewaltiges Ziel für den kleinen Knirps. Nach einer Zeit kam er jedoch zu mir und sagte: »Mama, ist das schlimm, wenn ich die vielen fremden Namen wie Isaschar, Sebulon, Benjamin oder Naphtali einfach abkürze und lese: Isa, Sebu, Ben, Naph?«

Ich antwortete ihm: »Nein, diese hebräischen Namen sind ja auch schwer auszusprechen.«

Nachdem Daniel die fünf Bücher Mose durchgelesen hatte und bei Josua gelandet war, unterbreitete er mir den Vorschlag: »Ich werde ab jetzt jeden Tag nur drei Kapitel lesen, dann darüber nachdenken und in einem Satz das Wichtigste aufschreiben.«

Dazu habe ich ihn ermuntert. Über die Jahre hat er Seite um Seite mit seinen wichtigen Erkenntnissen gefüllt. Manchmal musste ich schmunzeln, wenn da zu lesen war: *Zank dich nicht mit deinen Brüdern! Hilf deinem Papa! Teile deinen Tag gut ein! Bete für deine Lehrer! Ärgere dich nicht, wenn du abtrocknen sollst! Hab keine Angst, Gott ist doch da!*

Als ich merkte, wie schwer sich das Kind tat, die Geschichten aus dem Alten Testament zu verstehen, kaufte ich ihm doch den »Guten Start«, einen Bibelleseplan für Kinder, der ausgewählte Texte der Bibel auslegt. »Mama«, erklärte er mir schon nach ein paar Tagen, »der ›Gute Start‹ ist wirklich ein guter Start für mein Leben.« Daniel gewann große Freude am Bibellesen und es wurde ihm ein Anliegen, auch seine Freunde zum Lesen der Bibel zu ermutigen. In den Ferien lud er sich immer einen Freund ein und machte ihn mit dem Reichtum der Bibel bekannt. Nach einer Woche musste ich dann den zweiten »Guten Start« bestellen. Schließlich waren es sechs Bibellesepläne, die mir regelmäßig zugestellt wurden; denn jeder seiner Freunde wurde mit dem Bibellesen vertraut gemacht.

Einmal hörte ich ein lautes Toben im Zimmer nebenan und dazwischen Daniels Stimme: »Dieter, komm sofort vom Schrank herunter und Stephan, hör auf, den Ball an die Wand zu werfen! Wir wollen jetzt die Bibel lesen und dazu muss es ruhig sein.« Daniel steht bis heute in Kontakt zu den Zwillingsbrüdern. Gerne begleiteten ihn seine Kameraden auch in die Jungschar und später in den Jugendkreis.

Scholastikas Baby

Eines Tages klingelte plötzlich das Telefon. Der Direktor des Marburger Sprachinstituts war am Apparat. »Frau Bormuth, vor mir sitzt eine Afrikanerin aus Tansania mit ihrem Kind. Ich weiß nicht, wo ich sie unterbringen soll. Das Semester an der Universität hat gerade begonnen und weit und breit ist kein Zimmer mehr zu finden. Sie sind für mich der letzte Ausweg. Es handelt sich um eine junge Mutter mit Säugling. Könnten Sie uns nicht helfen?«

Ich überlegte kurz und konnte eine positive Antwort geben. Aber der Herr am anderen Ende der Leitung schien noch nicht befriedigt zu sein. Er druckste ein wenig herum und rückte dann mit seiner Bitte heraus: »Wären Sie auch bereit, das Kind tagsüber zu betreuen? Wir stehen nämlich noch vor einer weiteren Schwierigkeit. Diese Studentin erhält ein Stipendium, um ihre Doktorarbeit in Pharmazie zu schreiben. Für das Kind erhält sie keinen Pfennig. So ist es ihr nicht möglich, ihren Sohn in einen Kinderhort zu geben. Ihre finanziellen Mittel sind sehr begrenzt.«

So kam Scholastika mit ihrem Baby in unser Haus. Das kleine Kerlchen wurde im Nu der Liebling der Familie. Sogar die Freunde unserer Kinder waren begeistert. Sie wollten ihn am liebsten zum Fußballtraining mitnehmen und ihren Kameraden zeigen. Über seinen

Namen war ich allerdings sehr erschrocken. Baruti bedeutet nämlich Schießpulver. Sein Großvater war ein Stammeshäuptling.

Aber es gab auch Stunden, in denen ich meinte, der neuen Aufgabe nicht gewachsen zu sein. Afrikanische Kinder sind es gewohnt, in ein buntes Tuch gebunden ständig auf dem Rücken der Mutter herumgetragen zu werden. So brüllte der kleine Kerl aus Leibeskräften, wenn ich ihn vom Arm nahm und ihn in sein Bettchen setzte; denn irgendwann musste auch ich einmal daran denken, Essen zu kochen und die Küche zu kehren. Baruti brachte es auch fertig, unseren bisherigen Lebensrhythmus völlig auf den Kopf zu stellen. An Mittagsschlaf, ohne den ich meinte, nie auskommen zu können, war überhaupt nicht mehr zu denken. Stattdessen fuhr ich mit dem Kinderwagen durch die Gegend. Dabei blieb es nicht aus, dass mich verächtliche Blicke trafen. Eine Dame blieb auf dem Bürgersteig stehen, schaute zuerst den Kleinen und dann mich an und meinte mit aggressivem Unterton: »Ja, ja, man sieht es dem Kind an, dass es eine weiße Mutter hat. So ganz schwarz ist es doch nicht.«

Manchmal war ich nach einem Tag mit Baruti so erledigt und müde, dass ich voller Sehnsucht nach der Uhr schaute und es nicht abwarten konnte, bis es endlich 19 Uhr war. Denn zu dieser Zeit kam seine Mutter nach Hause. Vor allen Dingen ging mir sein lautes Schreien auf die Nerven. Zu schnell hatte ich vergessen, wie laut unsere Kinder brüllen konnten. In solchen

Situationen half mir das Wort Jesu: »Wer ein solches Kind aufnimmt in meinem Namen, der nimmt mich auf.« Und so sagte ich öfter laut vor mich hin: »Herr, ich nehme dich jetzt in diesem Kind auf.« Diese Zusage Jesu gab mir neue Kraft und machte mich gelassen.

Heute kann ich Gott danken für die Freude, die er mir mit diesem Kind gegeben hat. Wenn die großen dunklen Augen des Babys mich anschauten und es sich wohlig in meinen Arm kuschelte, war ich glücklich. Unter diesem Blick wurde die Last leicht. Sie verwandelte sich sogar in Wonne.

Darüber hinaus machte mir Gott noch ein besonderes Geschenk. Er gab mir die Möglichkeit, Scholastika mit dem Evangelium bekannt zu machen. Auf ihrem Nachttisch lag ein Neues Testament auf Englisch. Bereitwillig besuchte sie mit unserer Familie die Gottesdienste unserer Gemeinde. Wir übersetzten ihr die Predigt und erläuterten ihr im persönlichen Gespräch, dass Jesus Christus uns mit Gott versöhnt. So betete ich um Scholastikas Errettung.

Ich traute es Gott zu, dass er diese intelligente, junge Frau hineinführen konnte in die Gemeinschaft mit ihm. Das wäre dann eine Zugabe Gottes, die nur in der Anbetung vor ihm ihren rechten Ausdruck fände.

Wie ich zum Schreiben kam

Eines der notvollsten Ereignisse in meinem Leben war 1973 ein Zugunglück bei Guntershausen. Dabei wurde meine Schwester schrecklich zugerichtet. Dieses Erleben, das uns über mehrere Jahre fest im Griff hielt, wurde zum Anlass, dass ich zum Schreiben kam. Ich musste mir meine Angst, mein Leid und meine Sorge von der Seele schreiben; denn oft hatte ich den Eindruck: Ich zerbreche an diesem Elend.

Nach dem Unfall, bei dem zwei Züge aufeinander geprallt und dabei vierzehn Menschen ums Leben gekommen waren, hatte ich über eine längere Zeit Nachtwache am Bett meiner Schwester gehalten. Sie war die Einzige, die in dem letzten Wagen das Unglück überlebt hatte. Aber sie war furchtbar zugerichtet worden. Die Zeitungen berichteten in Schlagzeilen: »Diese junge Mutter von zwei Kindern muss wohl mehrere Schutzengel gehabt haben, dass sie dieses Unglück überlebt hat.« Der Kopf blutete aus mehreren Wunden, ein Auge war verletzt, alle Rippen waren gebrochen, in den rechten Arm war ein großes Loch gerissen worden und beide Beine waren total abgequetscht und mehrmals gebrochen. Die Ärzte versuchten alles, um die Beine zu retten.

Als ich nach einer durchwachten Nacht am Krankenbett morgens nach Hause kam, war an Schlaf nicht zu denken. Ich war erschöpft und kam doch nicht zur Ruhe. So griff ich zur Feder:

Ich sitze im Zug und will meine Schwester besuchen. Sie wurde bei einem Eisenbahnunglück schwer verletzt und lag über drei Jahre im Krankenhaus. Mehr als dreißig Mal wurde sie operiert und heute soll ich wieder bei ihr sein, wenn sie aus der Narkose erwacht. Mit bangem Herzen erreiche ich die Klinik. Am Eingang zur Station höre ich lautes Stöhnen und gerate in entsetzliche Angst, als ich merke, dass das Jammern aus dem Zimmer meiner Schwester dringt. Leise trete ich an ihr Bett und fasse ihre Hand. »Grete!«, spreche ich sie an, aber ich bekomme keine Antwort. Sie muss furchtbare Schmerzen haben, denn sie wälzt sich mit dem Oberkörper hin und her, stöhnt und schreit. Erst nach einer geraumen Weile ist sie ansprechbar. »Helft mir doch! Helft mir doch!«, bittet sie. Mit großen Augen, die von Angst gezeichnet sind, schaut sie mich an. Ich hole den Arzt und frage ihn, ob er nicht die Schmerzen mit einer Spritze lindern könnte. Er lehnt ab, denn durch die vielen Narkosen ist das Atemzentrum zu sehr in Mitleidenschaft gezogen. Außerdem wurden ihr schon so viele Medikamente verabreicht, dass sich der Körper daran gewöhnt hat und die Wirkung gleich Null ist.

Ich versuche meiner Schwester gut zuzureden, lege ihr ein feuchtes Tuch auf die Stirn und halte ihre Hand. Jetzt, da die Betäubung ganz nachgelassen hat, sind die Schmerzen unerträglich geworden. Ihr Stöhnen wird zum Schreien. Ich aber kann ihr keine Linderung verschaffen. Hilflos stehe ich an ihrem Bett. Ab und zu schaut ein Arzt oder eine Krankenschwester zur Tür herein und versucht, sie zu beruhigen. Aber sie wissen auch: Diese junge Frau hat schon zu viel in der vergangenen Zeit gelitten, als dass sie noch die körperlichen und seelischen Kräfte besäße, um Schmerzen auszuhalten.

In ihrer größten Not fleht sie mich an: »Lotte, bete du zu Gott, vielleicht hilft er dann. Du bist doch fromm. Auf dich muss er hören.«

Welche Verzweiflung verbirgt sich hinter diesen Worten. Muss Gott hören? Ich falte meine Hände und rufe zu ihm. Was sollte ich auch anders tun? »Herr Jesus, lindere du die Schmerzen, heile du die Wunden. Schenk Grete die Kraft, die sie jetzt braucht. Vor allen Dingen setze diesem Schreien ein Ende. Amen!«

Ich warte mit bangem Herzen und gerate selbst in große Anfechtungen. Wo bleibt Gott? Warum greift er nicht ein? Hat er nicht die Macht, mit einem Wort allem Elend ein Ende zu bereiten? Und dann schleicht sich dieser schreckliche Gedanke ein: Wäre es nicht besser, meine Schwester könnte jetzt ruhig und für immer einschlafen und wäre allem Leiden enthoben? Ich bin selbst so hoffnungslos. Am liebsten möchte ich aus diesem Krankenzimmer fliehen. Die Zeit scheint still zu stehen. Noch vier Stunden muss ich hier aushalten, dann erst fährt mein Zug. Ich erschrecke über meine Gedanken und schäme mich, dass ich nur an mich denke. Ich bin so feige. Wenn ich doch nur die Tür hinter mir schließen könnte! Dieses Schreien ist fürchterlich. Es klingt heiser, laut und verzweifelt und geht mir durch Mark und Bein. Mir wird weh davon. Alles krampft sich in mir zusammen und im Stillen bewegt mich der Liedvers: »Mach End, o Herr, mach Ende mit aller unserer Not!« Es ist jetzt nicht mehr zum Aushalten. Plötzlich aber wird es still im Zimmer und ich höre, wie meine Schwester eine Strophe aus der Passionsliturgie stammelt: »Christe, du Lamm Gottes, der du trägst die Sünd der Welt, erbarm dich unser!« Aus der Tiefe ihres Herzens hat sie sich zu Gott gewandt, und welche Macht verbirgt sich hinter solchem Anruf!

Plötzlich steht Jesus, das Lamm Gottes, vor mir und ich sehe, wie er geschlagen, gepeinigt und gemartert wurde. Ich erkenne, wie die Kriegsknechte mit mächtigen Schlägen die gewaltigen Nägel durch seine Hände und Füße treiben. Ich höre seinen Verzweiflungsschrei: »Mein Gott, mein Gott, warum hast du mich verlassen?« Ich sehe in sein blutverschmiertes Angesicht und erschaudere, denn die Dornenkrone hat sich tief in seinen Kopf eingedrückt. Langsam beginne ich zu begreifen, wie lieb Jesus mich haben muss, dass er freiwillig so für mich und meine Schuld litt, damit ich frei ausgehen kann. Aus dem Leiden und Sterben Jesu gewinne ich die feste Zuversicht: Wenn jemand meiner Schwester helfen kann, dann ist er es. Und ich rufe ihr zu: »Grete, schrei und klammere dich an Jesus! Er allein versteht dich, denn er hat am Kreuz Todesqualen ausgestanden.

Schrei zu ihm! Er wird dir helfen. Weil Jesus lebt, ist Hoffnung für dich da!«

Es folgen dann noch vier bange Stunden. Aber sind wir Christen nicht beneidenswerte Leute, dass wir unser Elend, unseren Jammer vor Jesus ausbreiten, vor ihm klagen, ja sogar schreien dürfen und dabei gewiss sein können: Wir werden gehört und zu Gottes Stunde auch erhört. Unser Schreien verhallt nicht im leeren Raum, sondern Gott nimmt es auf, leidet mit uns und erbarmt sich über uns.

Als ich die Klinik verlasse, bin ich von allem Geschehen sehr bewegt. Ich achte nicht auf die Menschen, die an mir vorübergehen. Ich sehe keine Schaufenster und auch keine Lichtreklame. Ich habe Jesus mitten in allem Todesgrauen und aller Verzweiflung erlebt. Ich habe ein Stück seines Leidens und Sterbens neu begriffen. Mir laufen zwar die Tränen, die ich am Krankenbett nur mühsam zurückhalten konnte, über das Gesicht, aber ich bin getröstet, dass Gott selbst einmal alle Tränen von unseren Augen abwischen wird. Seine neue Welt wird anbrechen und dann wird es keine zerschundenen Glieder und eiternden Knochen, kein Stöhnen und Schreien, keine Anfechtung und Verzweiflung mehr geben. Dann wird mein Mund ihn rühmen und loben, der als das gekreuzigte Lamm Gottes so viele Schmerzen für uns Menschen erduldet hat. Unser Schreien wird einmal verstummen und wir werden in Jubel ausbrechen. Das ist unvorstellbar, aber wahr. Aus dieser Gewissheit gewinne ich die Kraft, im Leid durchzuhalten.

Was hat Sören Kierkegaard auf sein Grabmal einmeißeln lassen?

Nur eine kurze Zeit, dann ist's gewonnen:
Dann ist der ganze Streit in nichts zerronnen.
Dann darf ich laben mich an Lebensbächen
und ewig, ewiglich mit Jesus sprechen.

Meine Schwester ist wieder gesund geworden. Allerdings waren die Beine nicht mehr zu retten. Sie musste fortan im Rollstuhl sitzen. Aber sie hat noch viele Jahre ihren Beruf als Abteilungsleiterin in einer Bank ausüben dürfen. So sind wir dankbar, dass Gott das Leben dieser jungen Mutter erhalten hat.

Was ich damals niederschrieb, wollte ich nie veröffentlichen. Später hat eine Freundin diese Seiten an einen Verlag geschickt und so ist mein erstes Buch entstanden, dem noch viele folgen sollten.

Papa bezahlt alles

Ich komme mit dem Auto um die letzte Straßenbiegung und sehe schon von weitem, dass zu Hause irgendetwas nicht stimmt. Heulend sitzt unser fünfjähriger Sohn am Fenster.

Mit einem Satz bin ich aus dem Wagen, renne die Treppe hinauf, immer zwei Stufen auf einmal.

»Johannes, was ist denn los? Warum weinst du? Sag, was ist denn passiert?«, versuche ich den kleinen Kerl zum Reden zu bringen. Aber vor lauter Schluchzen bekommt er kein Wort heraus.

»Bist du mit dem Rad gestürzt? Hast du irgendetwas angestellt? So rede doch! Ich muss wissen, was geschehen ist.« Behutsam streiche ich dem Jungen übers Haar, wische ihm die Tränen vom Gesicht und versuche, ihn zu beruhigen.

»Mama, ich kann's nicht bezahlen. Niemals kann ich das bezahlen. Ich kann das wirklich nicht bezahlen!«, stößt er verzweifelt hervor.

Nach und nach erfahre ich, was sich ereignet hat. Johannes hat mit seinen Freunden versucht, von einer kleinen Anhöhe Hagebutten über die Straße zu werfen. Jeder hat sich dabei mächtig angestrengt und wollte mit dem weitesten Wurf Sieger werden. Im Eifer des Gefechts hatte Johannes in seiner Hosentasche aus Versehen mit den Beeren einen kleinen Stein erwischt. Und ausgerechnet in dem Augenblick, als er ihn warf, musste ein fabrikneuer weißer Opel Rekord vorbeifahren. Es machte hörbar »klick«, und das Unglück war geschehen. Der Stein hatte die vordere Wagentür getroffen.

Zornig stieg der Fahrer aus und untersuchte die Schadstelle: eine kleine Delle, und der Lack war ab. Er packte den Übeltäter am Kragen und schleppte ihn zu unserem Haus.

»Das musst du bezahlen, du Schlingel«, schimpfte er. »Das wird dich teuer zu stehen kommen. Warte nur, deine Eltern werden dich übers Knie legen.«

Zu allem Unglück war ich nicht zu Hause. Ärgerlich schrieb sich der Fahrer unseren Namen, Telefonnummer und Adresse auf. Das vor Angst zitternde Kind blieb allein zurück. Nur gut, dass ich bald darauf nach Hause kam.

Es war schwer, Johannes zu beruhigen. Immer wieder schluchzte er mit von Tränen erstickter Stimme: »Ich kann das nie bezahlen.«

»Junge«, behutsam nahm ich den Blondschopf in meine Arme und versuchte ihn zu trösten. »Du brauchst auch nichts zu bezahlen«, versicherte ich ihm. »Dein Vater bezahlt alles.«

Plötzlich verstummte das Weinen und die Tränen versiegten. Der Satz schien Wunder gewirkt zu haben. Ein paar Seufzer erschütterten den kleinen Körper noch. Dann wurde das Kind ruhig. Den Kopf an meine Seite gelehnt, saß Johannes bei mir auf der Eckbank. Fest hielt ich ihn in meinen Armen. Ich weiß nicht mehr, wie lange wir so still dagesessen haben. Es tut einer Mutter wohl, ein getröstetes Kind an sich zu drücken.

Aber es gab mir auch Zeit, über die Steine nachzudenken, die ich selbst in meinem Leben geworfen hatte. Es waren viele, große und kleine: der hässliche Blick auf eine Mitstudentin, die immer auf Anhieb die Textstelle übersetzen konnte, während ich mich abquälte und mir fast die Zähne daran ausbiss; ein lautes, unschönes Wort zu einem Handwerker, dessen Rechnung mir zu hoch erschien; ein vernichtender Gedanke über eine Nachbarin, die mit meinen Kindern schimpfte, dass sie beim Ballspielen zu viel Lärm machten; eine ärgerliche Bemerkung zu meinem Mann, weil er wieder vor lauter Arbeit den Weg nicht nach Hause fand.

Steine der Schuld und des Versagens. Wie viele Wunden hatte ich damit geschlagen, wie viele »Schadstellen« verursacht? Nicht an fabrikneuen Autos, aber an Menschen, die mir zum Teil viel bedeuteten und die mich liebten. Müsste ich nicht wie Johannes aufschreien: »Ich kann das nicht bezahlen! Ich kann das nie wieder gutmachen oder in Ordnung bringen!«

Aber das ist nur die eine Seite, sozusagen »mein Bild«. Es gibt, Gott sei Dank, noch ein anderes. Jesus Christus hat mit seinem Opfer für mich gesühnt. Ich darf frei ausgehen. Das Blut seines Sohnes wäscht mich rein von aller Sünde.

Begreifen kann ich diese Tatsache nicht, nur darüber staunen. Staunen und getröstet sein wie Johannes. Denn für uns beide gilt: Der Vater bezahlt alles.

Krach um eine alte Kommode

Es ist schon ein Wagnis, wenn Gott zwei völlig verschieden veranlagte Menschen, wie mein Mann und ich es sind, in einer so engen Gemeinschaft wie der Ehe zusammenstellt. Dass das Band der Liebe im Laufe der Jahre immer fester und inniger wurde, bleibt für mich ein Wunder und Grund zur Dankbarkeit gegenüber Gott, der sicher weiß, wen er füreinander bestimmt hat. Manches moderne Eheinstitut würde horrende Summen zahlen, wenn es hinter dieses Geheimnis käme.

Aber es gibt auch in einer glücklichen Ehe immer mal Reibungspunkte und kleine Querelen, manchmal sogar einen handfesten Krach.

Wir sind in Marburg-Cappel in unser neues Haus eingezogen und ich bin mit großem Eifer dabei, die einzelnen Zimmer einzurichten. Endlich haben wir mit unseren fünf Kindern viel Platz. Ein herrliches Gefühl bemächtigt sich meiner, aus der Enge in die Weite zu ziehen. Alles ist neu, das Parkett glänzt, die Tapeten leuchten in strahlenden Farben und in den bunten Fliesen kann man sich sogar spiegeln. Die Kinder bekommen zum Teil neue Möbel und für das Wohnzimmer wird eine wunderschöne Polstergarnitur angeschafft. Natürlich fällt bei einem solchen Umzug auch allerhand Abfall an. Ausgedientes Inventar wird weggeworfen, Boden und Keller werden entrümpelt und die unbrauchbaren Dinge mit dem Auto fortgeschafft.

Aber immer wieder beobachte ich, dass mein Mann an Sachen Gefallen findet, die andere ausrangiert haben und aus denen er für unseren jüngsten Sohn Spielzeug bastelt. So finden sich im Gartenhaus alte Bretter, gebrauchte Kinderfahrräder, Fensterrahmen, eine Menge Schrauben, mehrere dicke Kataloge mit Teppichfliesen und dergleichen mehr. Ich bin nicht gerade erbaut von diesen Errungenschaften meines Mannes und runzle schon beim Anblick dieses »kostbaren Gutes« die Stirn. »Na, wie war die Ausbeute heute?«, lautet oft meine ironische Frage.

Eines Tages kommt mein Mann schon früher als gewöhnlich nach Hause. Das freut mich, denn das geschieht eher selten und ist für mich eine richtige Überraschung.

»Schon fertig mit der Arbeit?«, begrüße ich ihn.

Erst jetzt entdecke ich, dass die hintere Autotür halb geöffnet ist und ein Möbelstück dreißig Zentimeter über den Rand hinausragt.

»Stell dir vor, ich habe eine alte Kommode mitgebracht, die ausrangiert wurde. Ich wollte sie mir nicht entgehen lassen. Sie ist noch aus massivem Holz und ganz stabil. Ich werde sie aufpolieren und in das Kinderzimmer stellen. Du glaubst gar nicht, wie viel Spielzeug darin Platz findet.«

»Aber siehst du denn gar nicht«, falle ich meinem Mann ins Wort, »wie schäbig das alte Ding ist? Die linke Tür fehlt ganz, rechts sind keine Griffe, und die scheußlichen Wasserflecken verdeckt keine noch so gute Politur. Schaff die Kommode wieder fort! Sie kommt mir nicht ins Haus.« Ärger steigt in mir hoch. Diesmal werde ich mich gegen meinen Mann durchsetzen, beschließe ich im Stillen. Ich kann mir doch nicht das herrliche Haus mit uraltem Kram vollstellen lassen!

Mein Mann versucht mich umzustimmen. Er ist so begeistert von diesem edlen Stück aus Omas Zeiten, dass er sich auf keinen Fall davon trennen will. Inzwischen hat er auch noch Verstärkung bekommen. Unser vierjähriger Daniel freut sich über seinen Spielzeugschrank und steht ganz auf Papas Seite. Er packt sogar mit an beim Ausladen.

Über die Türschwelle kommt mir das schäbige Stück nicht. Das habe ich mir geschworen. Schließlich bin ich dafür verantwortlich, wie es in unserem Haus aussieht. So wird die Kommode zunächst im Garten abgestellt und wirkt wie verloren inmitten von blühenden Rosen und Begonien.

Beim Mittagessen geht es recht wortkarg zu. Der Appetit ist mir vergangen. Ich stochere nur in meinem Essen herum. Jedes Mal, wenn ich aus dem Fenster sehe, fällt mein Blick auf das verhängnisvolle Streitobjekt. Mein stiller Triumph, mich diesmal durchgesetzt zu haben, ist nicht von langer Dauer. Es herrscht eine mulmige Atmosphäre. Mein Ärger klingt nur langsam ab. Aus diesem Grund unternehme ich am Nachmittag einen Spaziergang. Ich will mich abreagieren. Jetzt habe ich mich einmal gegen meinen Mann durchgesetzt. Ich müsste doch zufrieden sein, denke ich. Aber mir ist elend zumute. Das Wetter trägt auch nicht gerade dazu bei, meine Stimmung aufzuhellen. Es fängt an zu tröpfeln, und ich muss umkehren.

Als ich zu Hause ankomme, traue ich meinen Augen nicht. Unser Untermieter müht sich, unterstützt von unserem Jüngsten, die Kommode die Treppe hochzutragen. Ich eile herbei und muss mit zupacken, weil ich Angst habe, das kleine Kind könnte zu Schaden kommen.

»Es fing zu regnen an«, erklärte mir der Student. »Ihr Sohn hat mich gerufen, ich möchte doch die Kommode hereintragen, damit sie nicht nass wird. Mama mag nämlich keine Wasserflecken.«

Da stand nun das alte, schon ausrangierte Stück im nagelneuen Haus und ich musste selbst mit Hand anlegen, es hereinzutragen.

Ob der kleine Kerl wusste, was er damit bewirkt hatte? So kann Gott die Einfalt eines Kindes benutzen, um uns von unserem Starrsinn zu befreien und uns wieder auf seine Spur zurückzuführen. Das Kind hatte mich zur Besinnung gebracht, und mir war klar, dass ich mich für mein Verhalten bei meinem Mann entschuldigen musste.

Wie gut, dass ich es früh in unserer Ehe gelernt habe, die Sonne über unserem Zorn nicht untergehen zu lassen. Dieses neutestamentliche Wort ist eine echte Hilfe. Es stiftet Frieden, söhnt aus und schafft ein neues Vertrauensverhältnis.

Der Talar bedeckt alles

Als unsere fünf Kinder noch klein waren, versuchten wir sie zur Ordnung zu erziehen. Bei drei Kindern gelang es uns recht gut, aber bei zwei Söhnen hapert es bis heute in Bezug auf Ordnung. Vor allen Dingen bei unserem Ältesten. Wenn ich ihn beschreiben wollte, müsste ich folgende Attribute wählen: er ist genial, meist sehr lustig und fröhlich, aufs Äußere legt er überhaupt keinen Wert. Ihm ist es gleichgültig, ob er in seinem Schrank noch etwas zum Anziehen hat; die Hauptsache ist, dass auf seinem Regal viele Bücher stehen. Als er in den Semesterferien von Tübingen aus mal nach Hause kam, war er total abgemagert. »Junge, hast du dir denn nichts zu essen gekauft?«, lautete meine bange Frage.

»Doch, Fertigsuppen. Ein Päckchen ergibt vier Teller und reicht für zwei Tage. Es kostet nur 1,95 DM. Du glaubst gar nicht, wie viele gute theologische Kommentare ich mir habe kaufen können.«

Das Zusammenleben mit Gottfried ist lustig und aufregend zugleich. Mal sitzt er im falschen Zug und fährt in die entgegengesetzte Richtung in die Ferien. Mal finde ich noch nach Tagen Blätter von seiner Abiturarbeit, Leistungskurs Mathematik, in seiner Mappe. Ich dachte, mich trifft der Schlag, denn diese Blätter sind für die Notengebung sehr wichtig. Der Leistungskurs zählt nämlich doppelt. Aber unbekümmert, wie er ist, geht er ans Telefon: »Frau Dr. Meier, ich habe da noch ein paar Zettel gefunden, ich komme mal eben bei Ihnen vorbei und bringe sie Ihnen.«

»Gottfried, tun Sie mir dies bloß nicht an!«, höre ich die Lehrerin sagen.

»Doch, doch, ich bin gleich bei Ihnen.«

In seiner fröhlichen Art findet unser Sohn immer Menschen, die ihm aus der Patsche helfen. Ich als Mutter halte öfter den Atem an. Als er einmal mit einem weißen Strumpf mit roten Kringeln und einem weißen Strumpf mit blauen Kringeln bei mir in der Küche erschien, meinte ich, ernsthaft schimpfen zu müssen:

»Gottfried, jetzt bist du bald Vikar und läufst mit verschiedenen Socken durch die Gegend, verschwinde, und zieh dir das passende Paar Strümpfe an!«

Etwas verschmitzt schaut er mich von der Seite an: »Mutter, ich verstehe überhaupt nicht, warum du dich über mich aufregst. Habe ich nicht den richtigen Beruf gewählt? Der Talar wird alles bedecken.« Ich musste herzhaft lachen. Später dann wurde ich an das Wort aus Hesekiel 18 erinnert. Der Teufel will mir immer wieder meine Schlechtigkeit, mein Versagen, meine Sünde vorhalten und mir meine Blöße offenbaren.

Tapfer will ich ihm dann entgegenhalten: »Der Talar Gottes, der Mantel der Vergebung, bedeckt meine Sünde, meine Schuld, meine Blöße. In Gottes Augen darf ich rein dastehen. Das ist Evangelium, das ist Freudenbotschaft, weil der Mantel Gottes alle Schuld zudeckt.«

Für Gott unterwegs

Durch meine Bücher wurde ich weithin bekannt. Ich konnte es lange nicht begreifen, welch großes Arbeitsfeld mir Gott da zugedacht hat. Fünfundzwanzig Jahre meiner Ehe war ich hauptberuflich Mutter und Hausfrau. Bei fünf Kindern hatte ich auch alle Hände voll zu tun. Zudem bewirtschaftete ich einen großen Garten und habe immer das Obst und Gemüse aus eigenen Erträgen auf den Tisch gebracht.

Und plötzlich erhielt ich Einladungen zu Frühstückstreffen, zu Frauentagen und Seniorentreffen, zu Konferenzen und Freizeiten. Oft war ich mehr als die Hälfte des Jahres unterwegs.

Besonders nach dem Mauerfall wurde ich immer wieder zu Diensten herangezogen in Thüringen, der Mark Brandenburg, Mecklenburg-Vorpommern, Sachsen und Sachsen-Anhalt. Wie reich ist mein Leben in der Begegnung mit den Glaubensgeschwistern dort geworden.

Jedes Jahr hielt ich Freizeiten in den schönen Freizeitheimen in Cottengrün, Reudnitz, Bad Blankenburg, Selin, Binz auf Rügen und Johnsdorf in der Oberlausitz. Eine Weite hatte sich mir da aufgetan, wie ich sie nie hätte erahnen können.

So erhielt ich auch eines Tages eine Einladung zum Pfingstjugendtreffen in Bobengrün im Jahr 1996. Die

Veranstaltung stand unter dem Thema: »Gott führt sein Volk mitten durch die Wüste.« Mit über zehntausend zumeist jungen Menschen war diese Veranstaltung ein großartiges Ereignis, das mein Herz höher schlagen ließ. Mitten im Wald und auf den angrenzenden Wiesen hatten sich die Teilnehmer gelagert. Der Wetterbericht hatte ein heraufziehendes Regengebiet angesagt und schon am Abend vor der eigentlichen Großveranstaltung tröpfelte es zwar nicht stark, aber beständig vom Himmel. Gewiss, die jungen Leute hatten sich Planen, Regenmäntel, Schirme, Decken und warme Jacken mitgebracht. Wer aber eine mehrtägige Versammlung durchführen will, mag schon beim Anblick der heraufziehenden dunklen Wolken in Panik geraten. Nicht so Pfarrer Hägel mit seiner großen Schar verantwortlicher Mitarbeiter. Er zeigte noch einen anderen Weg auf.

So stand er am Vorabend des Treffens, zu dem schon viele angereist waren, auf der Kanzel und startete einen Aufruf: »Wer beten kann, der bete. Wir brauchen trockenes Wetter und Sonnenschein. Wir sind gewiss, Gott wird unseren Ruf erhören und uns auch hierin seine Güte und Freundlichkeit erweisen.«

Skeptiker mögen gedacht haben: *Wie kann nur ein Pfarrer durch das Gebet sich den Wetterprognosen entgegenstellen? Fordert er Gott nicht allzu sehr heraus?*

An diesem Abend werden sicher viele Teilnehmer Gott in ihren Gebeten um Sonnenschein und Wärme angefleht haben. Und dann geschah das Gewaltige: Das Rufen zu ihm wurde erhört. Die Pfingsttage standen unter strahlend blauem Himmel. Warm wurde es. Pullover und Jacken konnten im Rucksack verstaut bleiben. Sonne, Sonne, überall Sonne und keine trüben Wolken am Horizont. Das war ein Wunder besonderer Art. Die Zeitungen haben danach berichtet: »Nur im Gebiet um Bobengrün wich das Tief einem kräftigen Hoch.« Solch einen Gott haben wir, der große Wunder tut, deren Zahl unermesslich ist.

Aber es geschah nicht nur ein Sonnenwunder in diesen Tagen. Gott ließ auch sein Licht in vielen Herzen seiner Kinder aufleuchten und es wurde hell. Nach meinem Vortrag – und so geschah es auch bei den übrigen Rednern – drängten sich die jungen Menschen um mich. Das war Seelsorge mitten im Wald in Gottes großartiger Schöpfung. Ich saß auf einem Baumstamm und einige Meter entfernt bildete sich eine Schlange von Ratsuchenden. Lange Gespräche waren bei diesem Andrang nicht möglich. Aber wenn Gott durch seinen Geist Schuld aufdeckt, finden die Menschen auch für ihre Sünden einen Namen. Wie sehr hat mich die Aufrichtigkeit der Teilnehmenden an diesem Pfingsttreffen gefreut.

Da konnte ein junger Mann bekennen: »Ich habe Werkzeuge von der Firma mitgehen lassen. Es tut mir leid, ich werde die Sache in Ordnung bringen.« Ein Student bekannte: »Ich habe meine Freundin verführt und habe mit ihr geschlafen.« Eine junge Frau sagte mir: »Ich habe meinen Stiefbruder nie akzeptieren können. Er ist viel älter als ich und zudem noch bucklig. Wegen seiner Sehbehinderung trägt er eine Brille mit dicken Gläsern. Das hat sein Gesicht verunstaltet. Ich habe mich seiner sehr geschämt und habe ihn vor meinen Freunden als meinen Onkel ausgegeben. Das war nicht recht. Ich werde über diese Schuld mit meinen Freunden reden und die Sache richtigstellen.«

Wenn Gottes Heiliger Geist seinen Finger in unsere Wunden legt, dann gibt es keine falschen Entschuldigungen und Ausreden. Nach dem Bekenntnis der Sünde folgt dann die Vergebung. Alle Traurigkeit muss weichen und die Betrübnis wird ausgelöscht. Freude bricht durch und erneuert das Leben.

Mit einer werdenden Mutter traf ich beim Essen zusammen. Ich war von ihrem Anblick berührt, legte meine Hand auf ihren Leib und segnete sie. »Der Herr schenke Ihnen ein gesundes Kind und stehe Ihnen in der Stunde der Geburt bei. Der Friede des Herrn sei mit Ihnen!«

Monate später wurde ich angefragt, ob ich nach Hammerbrücke zu einem Frauenabend kommen könnte. Ich sagte zu und suchte auf der Landkarte, wo dieser Ort lag. Es ist ein kleines Dorf in der Nähe der tschechischen Grenze. Ich stellte mich innerlich auf eine Stubenversammlung ein. Aber wie überrascht war ich, als ich einen großen Saal betrat und über hundert Frauen an herrlich geschmückten Tischen sitzen sah. Gestecke von Rosen und Nelken zierten den Raum. Hier war sicher eine Meisterin am Werk gewesen. Und ich hatte recht. Die Mitarbeiterinnen aus Hammerbrücke hatten es sich etwas kosten lassen, um ihren Dorfbewohnerinnen an diesem Abend das Evangelium nahezubringen.

Nach meinem Vortrag wurden herrlich verzierte Platten mit Wurst-, Käse- und Eierschnitten aufgetragen. Auf dem Tisch stand eine reiche Auswahl an Getränken. Plötzlich tauchte eine junge Frau mit Kinderwagen auf. Sie kam auf mich zu, lächelte mich an und sagte: »Das ist unser Friedenskind, Frau Bormuth. Erinnern Sie sich noch an unsere Begegnung in Bobengrün?«

Mir ging sofort ein Licht auf und ich nahm die junge Frau in meine Arme. Ja, wir dürfen einander segnen und von unserem Herrn viel Gutes erwarten; denn die ursprüngliche Bedeutung von segnen heißt: Gott spricht uns Gutes zu.

An diesem Abend war ich rundum glücklich und gewann Mut, mich für die nächsten Frauenabende in Plauen und Lengenfeld zu rüsten.

Namen

Inzwischen waren schon einige unserer Kinder verheiratet und wir hatten schon Enkel. Der dreizehnjährige Sohn eines meiner Söhne, der mit seiner Familie ganz bei uns in der Nähe wohnt, war bei einem Freund und hatte dort ein schönes Wochenende verbracht. Als sein Vater ihn am Sonntagabend wieder abholte, fragte die Mutter des Klassenkameraden: »Herr Bormuth, haben Sie etwas mit der Lotte Bormuth zu tun? Meine Freundin hat mir zwei Bücher dieser Autorin geschenkt und sie gefallen mir gut. Sie sind spannend und lassen mich in das schöne, manchmal auch schwere Leben von Menschen blicken.«

»Ja«, lachte Johannes, »ich kenne sie sehr gut, schon seit 44 Jahren. Sie ist meine Mutter.«

Gerade zu Beginn meiner schriftstellerischen Tätigkeit war es für meine Kinder etwas peinlich, wenn sie auf meinen Namen hin angesprochen wurden. Als meine Tochter heiratete, war sie an ihrem Hochzeitstag beglückt und sagte: »Mutter, wie froh bin ich, dass ich nun den Namen Bormuth endlich loswerde. Wie oft bin ich schon gefragt worden: ›Kennst du etwa eine Lotte Bormuth?‹«

Nur Daniel, der Jüngste der Familie, bildete hier eine Ausnahme. Als wieder einmal ein neues Buch von mir erschien, schmuggelte er es heimlich in seinen Ranzen und zeigte es seiner Lehrerin. Er schlug sogar die Seite auf, wo ich folgende lustige Begebenheit erzählte, und durfte sie seiner Klasse vorlesen:

Wir sind eine große Familie, und es ist bei uns üblich, dass jedes der Kinder ein wenig bei der Hausarbeit anpackt. Wie sollte ich anders meinen großen Haushalt bewältigen: spülen, waschen, kochen, flicken, mit den Kleineren Schulaufgaben machen und den Garten umgraben. Die Zeit, die ich durch ihre Mithilfe einspare, kommt ihnen wieder zugute. So gehört es zu den Pflichten unseres Sohnes Daniel, dass er Kartoffelschalen, Gemüsereste und verwelkte Blumen in einem kleinen Eimerchen auf den Komposthaufen tragen muss. Nicht selten wird dieser Dienst von einem Murren begleitet, und manchmal muss ich sogar zwei- oder dreimal sagen: »Daniel, trag den Abfall raus!«

Eines Tages sitzen wir vollzählig um den Mittagstisch. Nach einem schmackhaften Essen kommt wie von selbst ein lebhaftes Gespräch in Gang. Diesmal dreht sich alles um Verlobung und Hochzeit. Wenn man Kinder im heiratsfähigen Alter hat, spricht man hin und wieder über dieses Thema. Unser Fünfjähriger sitzt dabei und spitzt die Ohren. Kein Wort entgeht ihm. Plötzlich fragt mein Mann ganz unvermittelt: »Na, Daniel, willst du auch mal heiraten?« Die Antwort kommt wie aus der Pistole geschossen. »Nö, nö, Papa, sonst sagt die Braut: ‚Daniel, trag den Abfall raus!'« Wir brechen in ein schallendes Lachen aus. So klein der

Knirps auch ist, er hat doch schon begriffen, dass Heiraten und eine Familie zu gründen immer auch Pflichten mit sich bringt.

Auch die Schüler lachten über diese nette Begebenheit. Fröhlich kam Daniel an diesem Tag nach Hause und erzählte von seinem Ergehen. »Mama«, machte er mir Mut, »deine Geschichte hat meinen Klassenkameraden gefallen. Schreib nur weiter. Ich mache die Streiche und du schreibst sie auf. Dann wirst du berühmt, und ich auch.«

Eine wunderbare Heilung

Es war in Kusel in der Pfalz. Dort hatte ich einen Vortrag zu einem Frauenfrühstück zugesagt. Über tausend Frauen hatten sich angemeldet. Da die Stadthalle diesem Ansturm nicht gewachsen war, musste ich am Abend noch einmal sprechen. Mir war etwas bang vor dieser Herausforderung. Aber dann wurde ich durch eine große Ermutigung für diesen Dienst gestärkt.

In der Vorhalle zum Restaurant begegnete ich einer jungen Frau. Forschen Schrittes kam sie auf mich zu. »Frau Bormuth, heute habe ich Geburtstag!«

Schon streckte ich ihr die Hand entgegen und wollte ihr zum neuen Lebensjahr Gottes Segen wünschen.

»Ach, so meine ich es nicht; ich habe Geburtstag in einem ganz anderen Sinn. Heute vor fünf Jahren bin ich zum Glauben an Jesus gekommen und Sie sind wesentlich daran mitbeteiligt gewesen. Sie waren in Adelshofen zum großen Frauentag eingeladen. Dort habe ich Sie zum ersten Mal gehört. Ich hatte damals eine schwere Zeit. Unsere kleine Tochter war einige Monate zuvor an Krebs erkrankt. Leukämie diagnostizierten die Ärzte. Wir wussten nicht, ob sie davon geheilt werden könnte, und die Mediziner machten uns kaum Hoffnung. Können Sie ahnen, wie mir zumute war? So trat ich in die große Kirchhalle ein. Ganz hinten fand ich noch einen Platz. Ich hörte, wie Sie von Ihrem Sohn erzählten, für den Sie zu Gott gerufen haben und der dann geheilt wurde. Gott hatte an Ihrem Jungen ein Wunder getan. Da ging ich leise aus dem Versammlungsraum, suchte mir ein stilles Fleckchen – ich glaube, es war das Seelsorgezimmer –, dort kniete ich nieder und rief Gott an:

›Vater im Himmel, wenn du den Sohn von Frau Bormuth gesund gemacht hast, dann kannst du auch unsere kleine Jessica heilen. Dir traue ich dieses Wunder zu. Fortan soll dann mein Leben dir gehören. Du sollst mein Herr sein. Vater, erhöre mein Rufen! Amen.‹ So wurde ich Christ. Und unsere Tochter erholte sich von der schweren Erkrankung.«

Das sind Geburtstage besonderer Art. Wer viel gelitten und geweint hat, der darf noch mehr jubeln und sich freuen. Gott selber schenkt sich ihm!

Da bleibt mir nur das Staunen

Beim Aufräumen fand ich eine Karte, die mir von einer jungen Dame in Stuttgart geschenkt wurde. Auf der Vorderseite steht ein Ausspruch Albert Schweitzers in wunderbarer, kunstvoller Schrift: »Keiner von uns weiß, was er wirkt und was er Menschen gibt. Manchmal dürfen wir ein klein wenig davon sehen, um nicht mutlos zu werden.«

Noch ganz genau kann ich mich an die lange Fahrt erinnern. An einem Wintermorgen stieg ich in Aue in den Zug. Ich wollte nach Stuttgart reisen. Mit mir fuhr ein junges Mädchen und ich wurde über diese Begegnung sehr glücklich. Draußen herrschte klirrender Frost. Minus fünfzehn Grad zeigte das Thermometer an. Herrlich war die Landschaft in der Nähe der tschechischen Grenze. An den Tannenwäldern, die mit Schnee und Raureif bedeckt waren, konnte ich mich regelrecht berauschen. Oft habe ich gedacht, wenn ich durchs Erzgebirge und durchs Vogtland fuhr, wie sehr Gott die Menschen hier liebt, dass er ihnen ein solch wunderschönes Fleckchen Erde bereitet hat. Ich konnte immer wieder nur staunen. Der Blick aus dem Fenster entschädigte mich voll und ganz für die Strapazen der langen Reise. Aber noch bedeutsamer als diese herrliche Landschaft wurde mir die Begegnung mit Susan. Sie fuhr nach einem verlängerten Wochenende wieder an ihren Arbeitsplatz nach Stuttgart zurück und war froh, in mir eine Zuhörerin gefunden zu haben. Der Abschied von den Eltern und Geschwistern war ihr nicht leicht gefallen und so war sie froh, dass sie ihr Heimweh und ihren Kummer nicht für sich behalten musste.

»Nach der Wende hat es mich ins ›Schwabeländle‹ verschlagen«, begann sie das Gespräch. »Ich habe zuerst gedacht, das überlebe ich nicht. Von der friedlichen Idylle des Erzgebirges in die Hauptstadt Württembergs zu kommen, stürzte mich in ein Wechselbad der Gefühle. Alles war so ganz anders: die Menschen, die Sprache, das Essen, die Betriebsamkeit. Wie habe ich mich nach unserem Dialekt, nach den Liedern meiner Heimat, nach grünen Klößen und Rindsrouladen gesehnt. Fuhr ich mit der Straßenbahn, dann verstand ich kein Wort. Ich dachte schon, ich sei in China oder Japan. Aber inzwischen verstehe ich die Schwaben recht gut. Manche Ausdrücke habe ich von ihnen sogar übernommen, sodass meine Mutter mich schon mahnt: ›Vergiss dein Erzgebirge nicht!‹ In Stuttgart begann ich eine Lehre und habe danach gleich eine Anstellung gefunden. In einem Krankenhaus arbeite ich in der Verwaltung. Im Augenblick aber bin ich in großen Schwierigkeiten. Sie sehen, ich trage eine Brille mit extrem starken Gläsern. Meine Augen machen mir zu schaffen und ich weiß noch nicht, ob mir das Augenlicht erhalten bleibt. Die Ärzte machen Andeutungen, ich könnte von einem Tag auf den anderen erblinden.

Das sind vielleicht Zukunftsaussichten, sage ich Ihnen! Ich habe noch nie so viel geweint wie in diesem Jahr. Für mich gibt es fast nichts Schlimmeres, als die Sehkraft zu verlieren. Nie mehr zum Fichtelberg rüberschauen zu können, nie mehr den Frühling, Sommer, Herbst und Winter in voller Farbenpracht erleben zu dürfen, nie mehr in die lieben Augen meines Vaters und meiner Mutter zu schauen, nie mehr einen Marienkäfer zu beobachten und eine Biene, wie sie den Honig aus einer Rosenblüte holt! Nein, das könnte ich nicht verkraften. Schon der Gedanke an solch trübe Aussichten bekümmert mich. Außerdem lese ich sehr gern. Jede Mark, die ich abzwacken kann, stecke ich in Bücher. Am liebsten verschlinge ich Biografien. Oft schmökere ich bis weit nach Mitternacht. Bücher geben mir das Gefühl, in der Welt der Dichter und Denker zu leben und an ihrem Schicksal, ihrer Kultur, ihrem Leid, aber auch an ihrer Freude teilzuhaben. Werde ich auf all diesen Reichtum verzichten müssen? Und wie geht es dann beruflich mit mir weiter? Würde ich erblinden, dann müsste ich meine Stelle aufgeben. Gewiss, ich könnte zur Telefonistin umgeschult werden, und sicher gäbe es auch da noch Möglichkeiten, sich die Brötchen zu verdienen. Und doch macht mir der Gedanke, im Dunkeln leben zu müssen, entsetzliche Angst.«

Es fiel mir nicht leicht, auf diese Fragen eine Antwort zu geben. So saß ich nur still da, hörte diese Not und überlegte einen Ausweg. Vielleicht war das Zuhören im Augenblick das bessere Mittel, um ein wenig Trost zu vermitteln. Susan musste sich den Schmerz und die Angst von der Seele reden.

Sie selbst war auch ein wenig neugierig geworden, wem sie da ihren Kummer anvertraut hatte. Ganz unvermittelt fragte sie mich: »Was ist denn Ihr Beruf?«

»Ich bin Hausfrau und Mutter von fünf Kindern. Beruflich bin ich nicht tätig, aber ich engagiere mich ehrenamtlich. So bin ich in Marburg in der Telefonseelsorge aktiv und in meiner Freizeit schreibe ich Bücher und verfasse Sendungen für den Evangeliumsrundfunk.«

»Wie, Sie sind Schriftstellerin?«

»Ja, es tut mir gut, wenn ich das Erlebte zu Papier bringe. Wollen Sie mal in eines reinschauen? Ich schenke es Ihnen gerne.«

Ich öffnete den Koffer. Die Bücher purzelten durcheinander. Susan staunte. »So viele Bücher haben Sie schon geschrieben?«

Ich griff nach dem Erstbesten. »Und doch lacht mir die Sonne« lautet der Titel. Es ist meine Lebensgeschichte. Susan blätterte darin, las ein wenig und gab es mir wieder zurück.

»Können Sie mir eine Widmung hineinschreiben, denn man hat nicht immer das Glück, mit einer Schriftstellerin zu reisen.«

Ich überlegte einen Augenblick und wählte einen Vers aus Psalm 139: »Von allen Seiten umgibst du mich, Herr, und hältst deine Hand über mir.« Dies könnte die rechte Antwort auf die bangen Fragen dieser jungen

Frau sein. Dann vertiefte sie sich in meine Autobiografie.

Nun war es still im Abteil geworden. Endlich hatten wir beide das Reiseziel auch erreicht. Als wir uns in Stuttgart verabschiedeten, drückte mir Susan fest die Hand.

»Danke!«, sagte sie. »Es war schön, mit Ihnen zu reisen. Diese Bahnfahrt kam mir vor wie eine heilende Therapie. Ihr Buch werde ich gleich nächstes Wochenende fertig lesen. Ich freue mich schon darauf.«

Ich nahm Susan noch einmal in den Arm. »Susan, ich vergesse Sie nicht, ich werde für Sie beten.«

Dann trennten sich unsere Wege.

Etwa ein Jahr später bekam ich einen Brief, der eine Einladung in einen Jugendkreis nach Stuttgart enthielt. Ich sollte vor jungen Erwachsenen einen Vortrag über Telefonseelsorge halten. Ich wunderte mich über diese freundlichen Zeilen und war nicht wenig überrascht, als ich Susan in diesem Jugendkreis begegnete. Sie war die Urheberin dieser freundlichen Einladung. Mit etwa fünfzig jungen Menschen saß ich zwei Stunden zusammen. Erst sprach ich über die Konflikte, die mir in meinem Dienst begegnen, und dann ging ich auf die Fragen der Jugendlichen ein. Die Zeit vergeht wie im Flug. Als ich Susan Ade sagte, steckte sie mir noch einen Brief zu.

Auf meiner Heimfahrt im Zug las ich zunächst die Spruchkarte mit dem Aufdruck von Albert Schweitzer auf der Vorderseite und dann die Zeilen von Susan:

Liebe Frau Bormuth!
Damals im Zug von Aue nach Stuttgart schenkten Sie mir Ihr Buch »Und doch lacht mir die Sonne«. Nun ist eine kleine Zeit vergangen, und ich kann mit dem Titel sagen: Trotz allem lacht mir die Sonne. Ich kann über Gott nur staunen. Gern denke ich an unsere Begegnung zurück, lese immer wieder in Ihrem Buch und leihe es auch anderen. Vielen Dank! Ihre Susan.

Ich dachte über diesen herzlichen Gruß nach und wurde an einen Ausspruch von Gertrud von le Fort erinnert:

»Nicht nur der lichte Tag, auch die Nacht hat ihre Wunder. Es gibt Blumen, die nur am Horizont der Wüste erscheinen. Es gibt Erfahrungen der göttlichen Liebe, die uns nur in äußerster Verlassenheit, ja am Rande der Verzweiflung geschenkt werden.«

Und noch einmal bewegte mich das Wort von Albert Schweitzer:

»Keiner von uns weiß, was er wirkt und was er Menschen gibt. Manchmal dürfen wir ein klein wenig davon sehen, um nicht mutlos zu werden.«

Ja, die Begegnung mit Susan hatte mich stark ermutigt. Ich durfte einen jungen Menschen in seinen Anfechtungen trösten.

»Dürfen wir uns von Ihnen verabschieden? Zugleich möchten wir uns noch herzlich bei Ihnen für die ermutigenden Vorträge bedanken. Das Seminar hat uns gefallen und wir fahren mit vielen neuen Anregungen zurück.«

Fest drückte uns das Ehepaar die Hand. Aus Mecklenburg-Vorpommern war es zu dieser Rüsttagung angereist, die für Lehrer, Eltern und Erzieher angeboten wurde. Sie beide waren wohl die Letzten, die uns Ade sagen wollten. Aber noch zauderten sie beim Verabschieden.

»Haben Sie noch etwas Zeit für uns? Wir würden Sie gerne noch sprechen«, kam es langsam über die Lippen des Mannes.

»Wir wollten die Tagung nicht mit unserem Problem belasten, aber es ist uns doch ein Bedürfnis, Ihnen unser schweres Leid mitzuteilen. Vor vier Wochen haben wir unser einziges Kind beerdigen müssen. Der Schmerz sitzt noch tief, und er wird uns wohl noch lange bedrücken. Unsere Tochter wurde von einem jungen Kurden vergewaltigt und dann ermordet. Es ist alles so schrecklich, aber wir können doch sagen, dass Gott uns in unserer verzweifelten Situation beistand. Ich hätte dies nie für möglich gehalten, wie Gott uns in unserem Schmerz in seiner starken, wunderbaren Hand aufgefangen hat. Wir wurden gehalten. Seine Tröstung hat uns über die notvollen, bedrängenden Tage hinweggeholfen und tut es noch immer. Erst jetzt beim Tod von Kerstin begreife ich, was Jesus mit seiner Auferstehung für uns geschaffen hat. Wir wissen unsere Tochter bei Gott im Himmel. Gewiss, diese entsetzliche Tat lässt viele Fragen offen und wir vermissen unser Kind sehr. Wie oft schaue ich aufs Schlüsselbrett und denke: Da muss doch ihr Autoschlüssel hängen. Aber der Haken bleibt leer. Als wir am Mittwoch morgens aufwachten und zum ersten Mal merkten, dass der Autoschlüssel fehlte, ahnten wir noch nicht, was geschehen war. ›Hat Kerstin den Schlüssel in ihr Zimmer mitgenommen?‹, fragte ich meine Frau. ›Ich seh mal nach‹, gab sie mir zur Antwort.

Ganz entsetzt kam sie wieder aus der Tür: ›Manfred, Kerstin war heute Nacht nicht zu Hause. Das Bett ist noch unbenutzt.‹

Kerstin arbeitete als Köchin in einem renommierten Hotel und hatte erst gegen Mitternacht Dienstschluss. So wurde es immer sehr spät, bis sie nach Hause kam. Wir schliefen immer schon. Unser Blick am Morgen fiel dann auf das Schlüsselbrett. Wir machten uns sofort auf den Weg zur Polizei und gaben eine Vermisstenanzeige auf. Es folgte ein banges Warten. Noch immer sehe ich das fast erstarrte Gesicht des Polizisten vor mir, der uns die Hiobsbotschaft überbringen musste: Man habe das Auto gefunden, es sei voller Blut gewesen. Ein heftiger Kampf muss sich da im Innern des Wagens abgespielt haben. Später entdeckte die Polizei unsere Tochter in einem Versteck. Sie war über und über von Messerstichen durchbohrt. Es war ein grausiger Anblick, und ich hätte mir gewünscht, sie nicht identifizieren zu müssen.

Es war alles so schrecklich, und doch haben wir erfahren dürfen, wie uns Gott durch diese grauenvollen Tage trug. Er hat uns auch die Kraft gegeben, nicht von Hass und Rachegefühlen gequält zu werden. Ich kenne den Mörder unserer Tochter nicht und will ihn auch nicht kennenlernen. Ich weiß, ich muss ihm vergeben und will es auch. Wie könnte ich sonst ein Vaterunser beten: Vergib uns unsere Schuld, wie wir vergeben unsern Schuldigern? Ja, ich bete zu Gott, er möge diesem jungen Mann begegnen.«

Fest drückten wir uns die Hand und verabschiedeten uns. *Das sind tapfere Eltern*, musste ich denken. An ihnen wird deutlich, wie sie aus der Kraft des Glaubens heraus leben. Da, wo jeder hassen würde, verzeihen sie. Sie folgen dem Vorbild Jesu, der auch für seine Mörder bat, als er am Kreuz auf Golgatha hingerichtet wurde. Das bewirkt allein seine wunderbare Tröstung und Auferstehungshoffnung.

»Heute fahren wir über Zwickau«

Immer gegen Ende eines Jahres nehme ich den alten Kalender von der Wand und hänge einen neuen auf. Es war kein gewöhnlicher Kalender, auf dem bloß der Jahresablauf abgedruckt ist, sondern mein Terminkalender. Ein Jahr lang hatte er mir als Erinnerungsstütze gedient. Mir wurde fast weh zumute, wenn ich noch einmal die Namen der Orte las, in denen ich im vergangenen Jahr eingekehrt war. Dörfer und Städte in Thüringen, Sachsen, Mecklenburg-Vorpommern und Brandenburg waren in der Überzahl. Die meisten Verkündigungsdienste hatte ich im Vogtland und im Erzgebirge verrichten dürfen. So blieb mir viel Grund, mich zu freuen. Gerade wenn mir bange war, habe ich Gottes Hilfe besonders erlebt.

Es war an einem bitterkalten Wintertag. Ich fuhr für mehrere Tage in die Gegend von Aue und Sosa. Meine beiden Koffer waren mit Büchern und Manuskripten gefüllt. In Gößnitz sollte ich umsteigen und in Richtung Zwickau weiterfahren. Mir graute vor diesem Bahnhof, den ich von anderen Fahrten her sehr gut kannte. Er war momentan eine einzige große Baustelle. Die Platten auf dem Bahnsteig hatten sich gehoben, überall waren Sand, Kies und Steine aufgehäuft. Karren und Schippen lagen daneben. Man musste acht geben, dass man den Bauarbeitern nicht in die Quere kam. Früher konnte man sich in einen kleinen Raum setzen, aber jetzt war der Zugang zu ihm versperrt. Minus fünfzehn Grad zeigte das Thermometer an und bis ich meinen Anschlusszug erreichen würde, würde ich über eine Stunde im Freien warten müssen. Das waren nicht gerade rosige Aussichten! Ich fragte mich, wie ich die beiden Koffer auf den Bahnsteig befördern sollte. Normalerweise war das kein Problem, denn die Koffer verfügen über Räder, aber wenn der Untergrund aufgerissen ist, rollen sie nicht. Es war schon Schnee gefallen, und der Himmel zeigte sich in seinem schönsten Blau. Die Reise ins Erzgebirge wäre mir zur Lust geworden, wenn mir nicht das stundenlange Warten und die Kälte so zugesetzt hätten.

Kurz bevor der Zug hielt, zog ich mir Jacke, Mantel, Schal, Kopftuch und Handschuhe an, um gegen den Frost gerüstet zu sein. Ich schleppte mein Gepäck durch die Gänge in Richtung Ausgangstür und wartete auf meinen Umsteigebahnhof. Ich hatte Glück. Die Schaffnerin stand gerade an meiner Tür. »Auf welchem Bahnsteig fährt mein Zug nach Zwickau weiter?«, fragte ich sie höflich. Ich traute fast meinen Ohren nicht, als sie sagte: »Sie können sitzen bleiben, heute fahren wir über Zwickau.«

Gibt es denn solche Wunder bei der Bundesbahn? Ich hätte am liebsten laut gejubelt. Nein, heute musste ich mich nicht mit den schweren Koffern abschleppen und in der Eiseskälte warten, denn heute fuhren wir über Zwickau. Wie habe ich Gott gelobt und ihm gedankt. Gott vermag auch Züge umzuleiten und Fahrpläne umzustoßen, wenn er seinen Kindern Gutes tun will. Mir blieb nur ein großes Staunen. Später erzählte mir die Schaffnerin, die Gleisträger würden erneuert und deshalb sei die Fahrplanänderung geschehen.

»Heute fahren wir über Zwickau!« ist für mich zu einer stehenden Redewendung für Wunder Gottes geworden, auch wenn man sie ganz banal erklären könnte.

In Freilaubersheim sollte ich bei einem großen Dekanatstreffen sprechen. Über dreihundert Frauen wurden erwartet. Einmal im Jahr fand diese Zusammenkunft statt. Aus einem größeren Umkreis wurden die Frauen mit Bussen zu einer Sporthalle gebracht, um miteinander diesen Tag froh zu begehen und auf das Wort Gottes zu hören. Diesmal stand mein Vortrag unter dem Thema: »Wie Alt und Jung miteinander leben können.« Ich freute mich auf die Begegnung mit diesen Frauen aus dem Weinbaugebiet. Sogar der Landrat, der Bürgermeister und andere Vertreter der Kommune und auch der politischen Parteien waren dabei. Es wurde Kaffee getrunken, Lieder wurden gesungen, ein Theaterstück passend zum Thema vorgetragen, und dann war ich an der Reihe. Ich hielt meinen Vortrag vor aufmerksamen Zuhörerinnen. Eine Frau sagte mir beim Abschied: »Frau Bormuth, das war heute ein sehr schöner Tag für mich. Ihr Vortrag hat mir gefallen. Ich habe mich darin selbst wiedergefunden, und so habe ich gelacht und geweint. Und was Sie über unsere Beziehung zu Gott gesagt haben, das habe ich in der Weise noch nie gehört. Ich habe heute begriffen, dass ich bisher auf einer völlig falschen Spur war. Ich schaffe, schaffe, quäle mich auf unserem Weingut durch den Tag und das Allerwichtigste habe ich noch gar nicht entdeckt. Ich muss mich aufmachen und nach Gott fragen, sonst verfehle ich den Sinn meines Daseins. Ich will doch auch mit Gott leben.«

Interessant fand ich auch einen der Bürgermeister, die ein Grußwort sagten. Während des Kaffeetrinkens saß ich neben ihm. Er schilderte mir wichtige geschichtliche Ereignisse dieses Ortes. Geschichte hat mich schon von jeher fasziniert. Es ist lehrreich, die Entwicklung einer Stadt kennenzulernen. Man findet dann leichter Zugang zu den Menschen. Nach dem Vortrag kam er ganz aufgeregt an den Büchertisch. »So etwas habe ich ja noch nie gehört. Das Gebetbuch brauche ich, das Sie eben empfohlen haben. Ist es noch vorhanden? Ich muss auch beten lernen.« Wie gerne drückte ich ihm diesen Geschenkband mit Psalmen und Gebeten in die Hand. Solche Menschen wünsche ich mir für die Politik und das Kommunalwesen, die Ehrfurcht vor Gott zeigen und im Reden mit ihm eingeübt sind. Viele falsche Entscheidungen würden gar nicht erst zum Schaden des Volkes getroffen werden.

Wie schön, dass dieses Dekanatstreffen für das kommende Jahr wieder auf meinem Terminkalender stand.

In Stuttgart war ich mehrmals im Jahr. Diese Stadt zog mich sehr an. In einer Gemeinde sollte ich über die

Arbeit bei der Telefonseelsorge berichten. Als ehrenamtliche Mitarbeiterin war ich dort schon gut zwanzig Jahre tätig. Es gab aufregende Nächte, die mich an die Grenzen meiner Kraft brachten, aber ich erlebte auch Siege Gottes, der Unmögliches zustande brachte.

An eine Nacht erinnere ich mich noch ganz genau. Eine noch jüngere Frau rief an und erzählte: »Ich habe das Leben satt und will aussteigen aus diesem Leben. Von Beruf bin ich Ärztin und verfüge über genügend Mittel, um mich umbringen zu können. Ich bin total verzweifelt. Warum tut mir mein Mann dies an? Am Altar hat er mir die Treue versprochen und nun muss ich erfahren, dass er eine Freundin hat. Ist er denn ganz von Sinnen? Er vergisst mich und die Kinder und wendet sich solch einer Type zu. Ich hätte ihm das nie zugetraut. Das ist eine Gemeinheit sondergleichen! Wir haben uns eigentlich immer ganz gut verstanden. Um seinetwillen war ich bereit, meine Karriere aufzugegeben. Er wollte so gerne Kinder. Ich ja auch, aber zunächst war mir mein Forschungsauftrag wichtig. An der Universität Tübingen haben wir die Ursachen für Krebserkrankung untersucht und auch gute Ergebnisse dabei erzielt. Aber dann wurde ich schwanger und stieg aus dem Forschungsteam aus. Maria wurde geboren und schon fünf Monate später war ich wieder guter Hoffnung. Lars ist jetzt acht Monate alt, ein quicklebendiges, frohes Kind. Ich hätte allen Grund, mich zu freuen, aber irgendwie habe ich diese dicht aufeinanderfolgenden Schwangerschaften nicht gut verkraftet.

Ich fühle mich müde und kraftlos und depressiv. Mein Arzt machte mir Mut. Schwangerschaftsdepressionen haben gute Chancen zu heilen. Nach einer gewissen Zeit, in der ich Medikamente nehmen musste, ging es mir wieder besser. Dann folgte der Berufswechsel meines Mannes. Er wurde nach Marburg versetzt. Das bedeutete eine kolossale Umstellung für mich. Ich wurde recht einsam. In Tübingen hatten wir viele Freunde, meine Eltern wohnten auch in der Nähe und in Marburg blieb ich allein. Ich habe zwar die Kinder, aber ich hätte auch mal jemanden gebraucht, mit dem ich hätte reden können. Mein Mann war von seiner neuen Arbeit so beansprucht, jedenfalls sagte er dies immer, dass er kaum Zeit für mich fand. ›Ich muss noch mal eben in die Klinik, es kann spät werden. Warte nicht auf mich, sondern geh schon schlafen!‹

Ich bin so enttäuscht von meinem Mann. Ich habe ihm vertraut und er hintergeht mich mit einer anderen. Ich schluck jetzt das giftige Zeug oder verpasse mir eine Spritze, und dann ist Schluss für immer.«

»Bitte, tun Sie dies nicht. Um Ihrer kleinen Kinder willen dürfen Sie das nicht tun. Maria und Lars brauchen Sie!«

»Meine Kinder nehme ich mit in den Tod. Ich kann sie doch nicht einem Ehebrecher überlassen. Nein, meine Kinder befördere ich durch einen sanften Tod ins Jenseits, und dann folge ich ihnen. Ich will mit ihnen für immer vereint sein. Dann werden wir endlich Ruhe haben!«

»Nein, nein«, wehrte ich diese schrecklichen Todesfantasien ab. »Sie dürfen nicht Hand an sich legen! Lassen Sie uns doch noch miteinander reden! Es gibt sicher einen Ausweg aus diesem Dilemma. Wie haben Sie eigentlich erfahren, dass Ihr Mann eine Freundin hat?«

»Das ist schnell erzählt. Mein Mann ist zu einem Ärztekongress nach Berlin gefahren. Gestern Abend rief eine Frau an und fragte: ›Kann ich Klaus sprechen?‹ Ich fragte zurück: ›Wer sind Sie?‹ Da tönte mir keck eine Stimme entgegen: ›Na, wer sind Sie denn?‹ – ›Ich bin seine Frau‹, erklärte ich ihr. Da wurde der Hörer sofort aufgelegt. Mir war klar, dass hinter diesem Telefongespräch eine Affäre steckte. Ich bin doch nicht dumm. Ich habe sofort mit meinem Mann in Berlin gesprochen, und er hat mir eingestanden, dass er seit drei Monaten eine Freundin habe. Mit einer Studienreferendarin hat er ein Techtelmechtel und will die Verbindung mit mir lösen. Eine Scheidung aber könnte ich nicht verkraften. Es quält mich sehr zu wissen, dass mein Mann in den Armen einer Fremden liegt. Dieser Gedanke zerreißt mein Innerstes. Die Eifersucht frisst mich regelrecht auf. Mir bleibt nur der Ausweg in den Selbstmord. Erst dann habe ich Ruhe. Vor drei Tagen hatte er noch Nachtdienst in der Klinik gehabt, danach fuhr er zum Kongress. Wir hatten noch überlegt, ob wir danach nicht ein paar Tage in den Schwarzwald reisen könnten. Die Luft ist dort so gut, und sie hätte besonders Maria wohl getan, die oft erkältet ist. Und nun muss ich erfahren, dass er sich mit einer Lehrerin vergnügt. Wirklich, das Leben nimmt wenig Rücksicht auf mich und die Kinder. Mit einem Schlag kann sich das Blatt im Schicksalsbuch wenden. Ich hatte wieder Hoffnung geschöpft, dass ich aus der Depression herausfinde, mein Arzt hat mir Mut gemacht, und nun dieser Rückschlag! Jetzt ist alles noch schlimmer als zuvor.«

Es war eine der schwersten Nächte, die ich in meinem langjährigen Dienst bei der Telefonseelsorge durchzustehen hatte. Ich vereinbarte mit der jungen Ärztin, dass sie mich jede Stunde anrufen soll, so hoffte ich, sie mit verständnisvollen Gesprächen durch das Dunkel der Nacht zu bringen. Vielleicht gelänge es mir, ihre Adresse herauszufinden, und dann hätte ich sie aufsuchen können. Würde ich dies schaffen?

In den Gesprächspausen rief ich die Kliniken an und fragte nach einem Arzt, der aus Tübingen nach Marburg versetzt worden sei, also schwäbisch spreche, und der gerade Nachtdienst gehabt hätte. Ein Schwabe in dem kleinen Marburg, das müsste doch auffallen. Es war unbedingt wichtig, die Lebensmüde ausfindig zu machen. Ich telefonierte mit der Polizei, mit den Kliniken, suchte im Telefonbuch nach Ärzten mit dem Vornamen Klaus, aber ich kam in meinen Ermittlungen keinen Schritt voran. Hatte ich einen wesentlichen Punkt übersehen?

Als um acht Uhr morgens meine Nachtschicht vorüber war, ging ich enttäuscht und todmüde nach Hause. Aber ich gab nicht auf. Ich musste die Adresse der verzweifelten Frau herausfinden. Ihr Leben und das Leben ihrer beiden Kinder war in Gefahr. Ich überlegte, wer mir bei der Suche weiterhelfen könnte, und rief die Verwaltung der Universität an, die für die Vergabe von Mitteln für Ärztekongresse zuständig war. Ich schilderte dem Sachbearbeiter diese Notsituation, gab ihm die Namen der Kinder durch und ihr Alter, dann noch den Vornamen des Arztes. Innerhalb kurzer Zeit wusste ich, wer diese Mutter war. Ich zögerte einen Augenblick, aber dann nahm ich allen Mut zusammen und fuhr zur Wohnung der Frau. Ich klingelte und meine Anruferin öffnete mir die Tür. Ich gab mich ihr als Mitarbeiterin der Telefonseelsorge zu erkennen. »Heute Nacht haben wir beide miteinander gesprochen«, versuchte ich ihr die Scheu zu nehmen. Ihr Blick war zunächst verblüfft, dann aber fiel sie mir in die Arme. Ich hatte den Eindruck, dass sie erleichtert war, einen Menschen in ihrer Nähe zu wissen, der ihr helfen wollte. Erst nach einer Weile stammelte sie: »Wie haben Sie dies nur herausgefunden? Ich habe so aufgepasst.« Ja, sie hatte aufgepasst, sehr gut sogar. Ihr Mann war nämlich nicht Arzt, sondern Zahnarzt. Deshalb war ich auch in meinen Bemühungen, ihn ausfindig zu machen, so erfolglos geblieben.

An ihrem Lächeln merkte ich, dass sie im Grunde froh war, mich zu sehen. Das schreckliche Geheimnis war enträtselt und nun konnten wir persönlich über die Konflikte reden.

Ich selbst atmete tief durch. In der Stunde höchster Gefahr hatte Gott Weisheit geschenkt und mir den Zugang zu dieser Verzweifelten geebnet. Ich nahm die junge Ärztin mit ihren beiden Kindern erst mal mit zu uns nach Hause, denn die bedrohende Macht der Selbsttötung war noch nicht gebrochen. Ich musste dann viel Geschick und Verstehen aufwenden, um sie zu einer stationären Behandlung in einer psychiatrischen Klinik zu bewegen.

Enttäuscht war ich über die Haltung des Ehegatten. Als ich mit ihm sprach und ihn dazu bewegen wollte, zu seiner Frau und den Kindern zurückzukehren, antwortete er mir: »Meine Frau ist bei Ihnen besser aufgehoben als bei mir. Ich unterbreche den Aufenthalt in Berlin nicht.« Da war mir klar, wie zerrüttet diese eheliche Beziehung war. Es bedurfte eines längeren Klinikaufenthaltes, aber dann siegte doch der Wille zum Leben, und dafür dankte ich meinem Herrn.

So könnte ich Erinnerung an Erinnerung reihen und weitererzählen von dem, was Gott in meinem Leben getan hat. Ich beschloss, den Kalender aufzubewahren und der vorigen Zeiten zu gedenken, wie es in Psalm 143, Vers 5 heißt: »Von Gottes erstaunlichen Taten will ich reden und seine herrlichen Werke bezeugen.«

Ein mutiger Blick nach vorn

Ich habe von meinen Eltern gelernt, nicht alten, verloren gegangenen Werten nachzutrauern, sondern vorwärts zu blicken. Als wir 1945 mit unseren drei Pferden in Breitenbach bei Bebra einfuhren, hätte uns sicher niemand geglaubt, dass wir selbst Besitzer eines größeren Gutes gewesen waren. Bei meinen Eltern galt die Devise: »Vorwärts immer, rückwärts nimmer! Wer immer strebend sich bemüht, den können wir erlösen.« Mein Vater hat uns später, als wir schon längst eigene Kinder hatten, immer wieder an die Sprüche erinnert, die er uns in unserer Kindheit eingeprägt hat.

Meine heranwachsenden Kinder haben sich über derlei Sprüche oft hinter dem Rücken ihres Großvaters lustig gemacht. Aber vielleicht haben diese Sprüche doch auf lange Sicht dazu beigetragen, dass der Trägheit in unserer Familie gewehrt wurde. So war uns Arbeit nie ein Problem, sondern ein Vorrecht, damit etwas Gutes aufzubauen.

Einmal, auf einem seiner letzten Spaziergänge, nahm mich mein Vater zur Seite, als er unsere fünf Kinder heranwachsen sah. »Lotte, sorge dafür, dass deinen Kindern kein Gras unter den Füßen wächst. Sieh zu, dass sie immer kleine Aufgaben übernehmen.« Das war ein guter, pädagogischer Rat. So habe ich meinen Kindern immer wieder kleine Jobs besorgt. Sie mähten bei den

Nachbarn den Rasen, halfen während der Ferien in einer Gärtnerei, trugen Zeitungen und Werbematerial aus oder gaben Nachhilfestunden. Dadurch verfügten sie auch über eigenes Geld und konnten sich kleine Wünsche selbst erfüllen: einen Lederball, Sportschuhe, interessante Bücher. Heute haben unsere Söhne und unsere Tochter selbst heranwachsende Kinder und ich darf feststellen, dass sie sie fast genauso erziehen, wie sie selbst erzogen worden sind.

Rückblickend kann ich über mein Leben nur sagen: Es war die große Liebe Gottes, die mich von allen Seiten umgab. Reich ist mein Dasein geworden, sehr reich sogar, wenn es auch nicht an Not und Anfechtung gefehlt hat. Im Jahr 2017 haben mein Mann und ich unsere Diamantene Hochzeit gefeiert. Wenn ich gefragt werden würde, was mich in meinem Leben am meisten beeindruckt hat, dann kann ich nur sagen: Gottes großes Erbarmen und seine Freundlichkeit. Wie viele wunderbare Menschen hat er mir an meine Seite gestellt, aber natürlich waren da auch die anderen, die es nicht immer gut mit mir meinten. Sie gaben mir jedoch die Chance, sie im Namen Jesu zu segnen.

Am allermeisten aber freue ich mich, dass ich fast 63 Jahre lang einen Partner an meiner Seite hatte, mit dem ich eins sein durfte, in guten wie in schlechten Tagen. Im Februar 2020 hat Gott meinen Mann zu sich in die Ewigkeit gerufen. Meine Tochter und ich waren bei ihm, als er den letzten Atemzug tat und friedlich einschlief. Karl-Heinz und ich waren zwar ein sehr ungleiches Paar, ergänzten uns aber auf wunderbare Weise. Es ist die Liebe Gottes, die uns miteinander verbunden und unsere Ehe reich gesegnet hat. Zu unseren fünf Kindern kamen noch fünf Schwiegerkinder, fünfzehn Enkel und sieben Urenkel. Wir sind sicher keine ideale Familie und wissen auch um Konflikte, aber wir nehmen einander an, wie Christus uns angenommen hat. Das macht unsere Tage froh und erwartungsvoll. Das Leben ist so einmalig und einzigartig wie einzelne Mosaiksteine am Weg, die im Rückblick ein wunderbares Bild zur Ehre Gottes ergeben. Darüber kann ich wirklich nur staunen.

Die späten Jahre unserer Mutter

von Daniel Bormuth, im Dezember 2023

Das Alter und die späten Jahre eines Menschen brechen in der Regel nicht jäh und unvermittelt in das Leben des Einzelnen hinein, sondern kündigen sich langsam und behutsam an. Denn so gütig und barmherzig sind das Leben und sein Schöpfer zu uns, dass sie uns ausreichend Zeit und Gelegenheit einräumen, uns auf solch eine einschneidende Wegmarkierung und Veränderung allmählich einzustellen und auf sie einzulassen: Das ist unserer Mutter besonders gut geglückt, sie konnte das Alter mit all seinen Facetten annehmen und innerlich bejahen.

Die Bibel selbst spricht in ihrer nüchtern-lebensklugen Weise vom Alter als von den Jahren, von denen wir sagen werden: »Sie gefallen mir nicht.« Sehr realistisch führt sie uns die Bürde der Betagten vor Augen, indem sie das Nachlassen ihrer körperlichen und geistigen Kräfte in sehr poetischen Bildern beschreibt (vgl. Prediger 12,1-7). Dass das Alter infolgedessen unserem Leben unmissverständlich Grenzen setzt und unsere Gestaltungsmöglichkeiten und unseren Aktionsradius zunehmend beschneidet, durchlebte auch unsere Mutter. Der einst so prallgefüllte große Terminkalender mit seinen Eintragungen von Freizeiten, Frauenfrühstücken, Vorträgen leerte sich, Anfragen an sie und ihren Mann nahmen spürbar ab. Es wird gewiss nicht spurlos an ihr vorbeigegangen sein, sondern sie geschmerzt haben, nicht mehr im Mittelpunkt des Interesses zu stehen.

Und doch gelang es ihr, in bewundernswerter Weise darüber nicht zu lamentieren oder vergangenen Zeiten nachzutrauern. Diese erstaunliche Fähigkeit loszulassen, Unvermeidliches zu akzeptieren, sich der Realität zu stellen, wurzelt meines Erachtens ebenso sehr in ihrem Glauben wie in den Umständen ihres Lebens, besonders ihrer Kindheit und frühen Jugend. Als Bessarabiendeutsche mit ihrer Familie zu Zwangsaussiedlung, zweimaliger Aufgabe von Haus und Hof, Flucht und steinigem Neuanfang gezwungen, lernte sie schon früh, mit einschneidenden Verlusten zu leben und diese produktiv zu bewältigen. »Vorwärts immer, rückwärts nimmer!« – dieses alte Familienmotto verkörperte sie wie kaum ein anderer Mensch. Auch aus diesem Grund ist es nicht verwunderlich, dass insbesondere traurige und niedergeschlagene Menschen immer wieder ihre Nähe suchten und sich gern von ihrer unverdrossenen Vitalität anrühren ließen.

2018 trat sie dann beim 100-jährigen Jubiläum des Franke-Verlags zum letzten Mal öffentlich auf. Diesen Moment, als sie ein letztes Mal vor großem Publikum aus ihrem Leben erzählte, genoss sie sichtlich. Wohl auch in der Vorahnung, dass er der Abschluss einer ungeheuer intensiven und ausdauernden schriftstellerischen Karriere bedeutete. Der Rückzug aus dem öffentlichen Leben war für sie aufgrund der voranschreitenden Parkinsonerkrankung ihres Mannes zugleich folgerichtig und daher auch Ausdruck einer bewussten Entscheidung. »Uns gibt es nur im Doppelpack!« – mit diesen Worten rechtfertigte sie ihr häufiges gemeinsames Auftreten bei Vorträgen oder Freizeiten. Diesem Credo blieb sie auch dann treu, als solche sie erfüllenden Aktivitäten zu zweit nicht mehr durchführbar waren.

Als großes Glück stellte es sich für sie als Doppelpack heraus, dass sie bei unserer Schwester Anne-Ruth und ihrem Mann Klaus einziehen konnten, nachdem ein Leben in den eigenen vier Wänden mit eigenem Haushalt nicht länger bewerkstelligt werden konnte. Nach anfänglichem Zögern und doch auch schweren Herzens ließen sie sich zu diesem notwendigen Schritt schließlich bewegen und bezogen ihr neues Reich. Mit der Zeit nahmen sie es als ihr Zuhause an und erwiesen sich als ausgesprochen dankbare, anspruchslose und leicht zufriedenzustellende Mitbewohner. Ihr lichtdurchflutetes Wohnzimmer mit der großen Fensterfront bot ihnen einen weiten Blick ins Freie, was sie ebenso genossen wie den Gang auf die nahegelegene Terrasse, auf der besonders unser Vater so manche Stunde unter Sonnenschein und Apfelblüten genießen konnte.

Im Februar 2020 mussten unsere Mutter und wir mit ihr Abschied nehmen von ihrem Mann und unserem Vater. Niemand wusste, wie sie diesen schmerzlichen

Verlust nach über 63 Ehejahren verkraften würde. Sie tat es auf die ihr eigene Art und Weise. Augenblicke tiefer Traurigkeit und des Alleinseins überkamen sie von Zeit zu Zeit, dann wieder fand sie Trost und Beruhigung in dem Wissen, dass das Ende des Lebens nun einmal unvermeidlich ist. Und überhaupt, so bekräftigte sie, habe sie nach so vielen gemeinsamen Jahren überhaupt nur Grund zum Danken. Oft wanderten ihre Gedanken auch zurück in die Jahre ihrer Kindheit und Jugend, die Erinnerung an ihre eigenen Eltern und Geschwister wurde wach in ihr, die Zeit der Flucht aus dem sogenannten Warthegau und des Fußfassens im hessischen Breitenbach waren ihr sehr präsent. Bestimmt half ihr dieser auffällige geistig-seelische Rückzug zu der bewegten ersten Hälfte ihres Lebens ein gutes Stück, um das häufige Alleinsein im Haus auszuhalten.

Darauf angesprochen, ob ihr denn nicht auch langweilig sei, wenn die Tage so weitgehend ereignislos an ihr vorüberzögen, reagierte sie mit einem entschiedenen Nein. Dabei verwies sie staunend und beglückt auf die Raben und Krähen, die sich auf den Baumwipfeln vor ihrem Fenster tummelten, oder an die vielfältige Farbenpracht der Blumen an den Beeten an der Straße. Das, wozu sie als jüngerer, stets geschäftiger, emsiger, agiler Mensch nie ernsthaft in der Lage war, praktizierte sie jetzt ganz selbstverständlich und fraglos. Auf unsere alt gewordene Mutter trifft zu, was der Theologe Reinhard Deichgräber als eine wunderbare Möglichkeit begreift, eine Seite des Glaubens zu pflegen, die in den Jahren angestrengter Aktivität häufig zu kurz kommt. Er nennt sie »die kontemplative Zuwendung zu allem, was Gott geschaffen hat«, und führt dazu aus: »Der Kreis der Aufgaben wird im Alter notwendigerweise kleiner und kleiner. Aber dafür kann das scheinbar Unbedeutende eine beglückende Aufwertung erfahren. Da ist so viel Schönes, das uns zum Gegenstand liebevoller Betrachtung werden kann.« Und bis heute wird unsere Mutter nicht müde, Schönes zu entdecken und bei seinem Anblick zu verweilen. Zuletzt, in diesem Herbst 2023, konnte sie sich nicht satt sehen an den mit roten Äpfeln prall gefüllten Bäumen vor der Einfahrt zu ihrem Pflegeheim. Und dann ließ sie es sich auch nicht nehmen, herzhaft hineinzubeißen, dankbar, dass ihre Zähne dies noch vermochten.

Diese Beobachtung zeigt, dass es kurzsichtig ist, die späten Jahre einseitig als Abstieg zu begreifen, als freudloses Nachspiel, wenn das eigentliche Leben bereits hinter einem liegt. Könnte es nicht vielmehr sein, dass das Alter der eigentliche Zielpunkt unseres Lebens ist, in dem endlich zur Reife gelangt, was in uns angelegt ist? Mit meinen Geschwistern teile ich die Wahrnehmung, wie viel milder und besonnener unsere Mutter im Alter geworden ist. Hinzu kommt ein hohes Maß dankbarer Empfänglichkeit für Momente des Gesprächs und des Besuchs. Erst im Alter wird die Frucht richtig reif, werden wir Menschen allmählich so richtig voll und ganz genießbar, zumindest wenn es gut geht.

Zu dieser Reife zähle ich nicht zuletzt die Bereitschaft

unserer Mutter, sich gerne helfen zu lassen, sich nicht zu genieren, wenn viele Handgriffe nicht mehr sitzen und sie wie jetzt schließlich auf intensivere Pflege in einem Heim angewiesen ist. Ich empfinde dies umso erstaunlicher, als sie ein Mensch ist, dem diese Gabe in früheren Zeiten häufig abging und der stattdessen sehr auf seine Eigenständigkeit und seinen starken Willen bedacht gewesen ist. Für die liebevollen Menschen, die nun im Wesentlichen mit ihrer Pflege betraut sind, macht es diese Entwicklung umso leichter. Ich frage mich, wie ich mich schlagen werde, wenn meine Tage selbstbestimmten Lebens zur Neige gehen. Hoffentlich kann ich mir dann eine kräftige Scheibe von ihrer dankbaren Empfänglichkeit abschneiden.